THE CAMBRIDGE CONTACT READERS

General Editors: E. K. Bennett, M.A., and G. F. Timpson, M.A.

Series IV

YESTERDAY AND TO-DAY IN GERMANY

DES DEUTSCHEN VATERLAND. II

EDITED BY

F. R. H. McLELLAN, M.A. (OXON.)

MILL HILL SCHOOL

CAMBRIDGE

AT THE UNIVERSITY PRESS

1937

CAMBRIDGE
UNIVERSITY PRESS

University Printing House, Cambridge CB2 8BS, United Kingdom

Cambridge University Press is part of the University of Cambridge.

It furthers the University's mission by disseminating knowledge in the pursuit of education, learning and research at the highest international levels of excellence.

www.cambridge.org
Information on this title: www.cambridge.org/9781107494596

© Cambridge University Press 1937

First published 1937
Re-issued 2015

A catalogue record for this publication is available from the British Library

ISBN 978-1-107-49459-6 Paperback

INTRODUCTION

In Part I of *Des Deutschen Vaterland* we followed the travels of an English boy, fresh from school, who goes to Germany, accompanied by a friend, and sees a good deal of the picturesque side of the country: the Rhine, Munich and the Bavarian Highlands in particular.

In this volume we renew acquaintance with him about three years later. He is now an Oxford undergraduate, and wherever he goes he finds friends who explain to him the inward truths that underlie the outward appearances. So he hears a great deal about the social and economic conditions of the country; and he begins to understand something of the German character in its many conflicting varieties.

This time his travels take him to East Prussia, the home of the Junker; Berlin, the most modern of European capitals; Leipzig, the centre of Europe; Jena and its Thuringian surroundings; Essen and the Black Country; and as a finale, a glimpse of Kiel and the Hansa Cities.

This volume is more advanced in subject-matter and language than Part I, and is expected to be read two or three terms later, perhaps even as late as the term after School Certificate, as an introduction to German *Realien*.

For the photographs reproduced in this volume we are indebted to the kindness of the German State Railways Information Bureau in London, with the exception that those of Kiel and Hamburg were supplied by the Hans Andres Verlag, Hamburg.

F. R. H. McLELLAN

MILL HILL SCHOOL
2 April 1937

Inhaltsverzeichnis

Des Deutschen Vaterland. II

I. Auf einem Gut in Ostpreußen

Drei Jahre waren vergangen, seitdem David Hayes aus Deutschland zurückgekehrt war. In dieser Zeit hatte er in Oxford Modern Greats studiert. Nun hatte ihm sein Vater seinen Wunsch, ein Semester auf einer deutschen Universität zuzubringen, erfüllt. Bevor er aber nach Heidelberg fuhr, wollte er der Einladung eines Oxforder Studienfreundes, ihn für einige Zeit auf dem Gute seines Vaters in Ostpreußen zu besuchen, Folge leisten.

„Du wirst doch um's Himmels willen nicht etwa nach Ostpreußen fahren, wo ‚sich die Füchse gute Nacht sagen', wie ein deutsches Sprichwort lautet," hatte ihm sein Freund Mr Wilson zugerufen, als er davon hörte.

„Doch. Ich möchte Deutschland von allen Seiten kennenlernen, nicht allein von der anziehenden und liebenswürdigen," lautete Davids bestimmte Antwort.

„Na, dann viel Spaß!" hatte ihm Mr Wilson zugerufen. Und nun war er bereits in Ostpreußen auf dem 1000 Morgen großen Gute des Herrn Heese, das ungefähr 80 Kilometer südwestlich von Königsberg lag, und er konnte schon nach Ablauf einer Woche feststellen, daß er es nicht im mindesten zu bereuen hatte, daß er seine Absicht ausgeführt hatte.

Wie abwechslungsreich war allein die Reise gewesen! In Köln hatte er den „Fliegenden Kölner" bestiegen, der ihn in einer unbeschreiblich schönen Fahrt nach der 600 km entfernten Reichshauptstadt in 5 Stunden gebracht hatte. Dabei hatte der Zug auf freier Strecke Geschwindigkeiten erzielt, die bis zu 170 km in der Stunde gingen, ohne daß die Reisenden im mindesten ein Gefühl des Unbehagens oder der Unsicherheit gehabt hätten. In Berlin war er schon 20 Minuten nach seiner Ankunft mit dem gewöhnlichen Schnellzug weitergefahren. Die Landschaft auf dieser Strecke hatte freilich nichts Anzie-

hendes, war dagegen weiträumig, flach und eintönig. Eine
Stunde Autofahrt von Elbing bis zu dem Gute des Herrn
Heese hatte seine Reise abgeschlossen.

Dietrich Heese gab an den folgenden Tagen den Führer
ab. Er begleitete seinen Freund durch den Blumen= und
Gemüsegarten, auf den Hof und durch die Ställe, durch die
Scheunen und die Schuppen, hinaus auf die Felder und in
den angrenzenden Wald und machte ihn mit dem Leben und
den Gewohnheiten eines preußischen Gutsbesitzers bekannt.
David fiel auf, wie zahlreiche und gute Pferde in den Ställen
standen.

„Jeder ostpreußische Landwirt ist Pferdeliebhaber," er=
klärte ihm daraufhin Dietrich Heese. „Ein Sprichwort sagt,
daß der Ostpreuße mit dem Pferdezügel in der Hand auf die
Welt kommt. Daher sind hier in Ostpreußen mehr Pferde als
sonstwo in Deutschland. Auch mein Vater ist ein leidenschaft=
licher Pferdeliebhaber, und von Jugend auf bin ich gewöhnt,
mich auf dem Rücken eines edlen Pferdes zu tummeln.
Reiten Sie auch gerne? Ja? Fritz, sattle sofort die braune
Stute für unsern Gast," rief er einem Knecht zu. Und von
nun an ritten die beiden Freunde durch die flache Gegend, die
einen weiten Horizont hatte, streng darauf achtend, daß sie zu
den Mittagsmahlzeiten pünktlich auf dem Gut waren. Der
Vater hielt, wie Dietrich ihm anvertraute, aufs peinlichste auf
Pünktlichkeit und Ordnung. Auf die Minute genau versam=
melte sich die ganze Familie Heese, der Inspektor, zwei Lehr=
linge, die man auf den Gütern „Eleven" nennt, und drei
junge Mädchen, die die Gutswirtschaft erlernten. Steif, fast
streng war der Zuschnitt bei Tisch.

> „Komm, Herr Jesu, sei unser Gast
> Und segne, was Du uns bescheret hast"

betete eins der Kinder, danach wurde das kräftige, fast derbe
Essen eingenommen. Es gab keine leichte, anregende Unter=
haltung, hier und da wurde wohl ein Wort über die Arbeit auf
den Feldern, auf dem Hof oder im Haus gewechselt, aber das
geschah nicht, um eine Unterhaltung zu führen, sondern mehr
um einer Pflicht nachzukommen. Hier war nichts von leichter

Anmut und behaglichem Lebensgenuß zu spüren, die David im Westen und Süden Deutschlands so sehr gefallen hatte, hier waren die Leute schweigsam, ernst, schwerfällig und verschlossen. Kaum hatte er den letzten Bissen verzehrt, da erhob sich eins der Kinder, und er hörte das Dankgebet:

> „Wir danken Dir, Herr Jesu Christ,
>   Daß Du unser Gast gewesen bist."

Wenige Augenblicke später war jeder einzelne wieder draußen bei seiner Arbeit. Hätte ihm nicht Dietrich Heese voll und ganz zu seiner Verfügung gestanden, er hätte nicht viel von seinem Aufenthalt gehabt, da jeder ganz und gar in seinem Pflichtenkreis aufging, der ihm in den letzten Ernte= wochen keine freie Zeit ließ. Im stillen mußte er daher oft an das Wort seines Freundes Wilson denken, das er über Ostpreußen gesagt hatte.

Eines Abends, nachdem er schon mehrere Tage auf dem Gut verbracht hatte, nahm sich Herr Heese seiner an und führte eine längere Unterhaltung mit ihm, die für ihn bedeutungsvoll war und ihm über vieles Aufschluß gab, was er beobachtet hatte.

„Sie werden über manches den Kopf schütteln," sagte ihm Herr Heese, „und wenig angenehme Eindrücke von uns und unserm Lande mitnehmen. Ich hörte Sie so viel vom Rhein schwärmen. Mit dem Rheinländer dürfen Sie den Ost= preußen freilich nicht vergleichen. So ernst und schwermütig, so wuchtig und steif, wie wir sind, hat uns das Klima gemacht. Denken Sie, wir haben nur 5 Monate ohne Schnee und Kälte. In dieser kurzen Zeit müssen wir die Felder bestellen, müssen ernten und die Wintersaat säen."

„Woher kommt denn dieser gewaltige Klimaunterschied im selben Lande?" fragte David, der aufmerksam lauschte.

„Im Westen Deutschlands unterliegt das Klima den ozeanischen Einflüssen, insbesondere denen des Golfstromes, der, wie Sie aus Ihrem Vaterlande wissen, Wärme zuführt, während wir den Einfluß des kontinentalen Klimas verspüren, das von den weiten russischen Steppen seinen Stempel auf= gedrückt bekommt, d. h. wir haben heiße, trockene Sommer und

Pflügen

ſehr lange Winter mit empfindlicher Kälte. Hier oben gibt
es weder Frühling noch Herbſt, jeder Übergang fehlt. Nach
fünf warmen, oft heißen Sommermonaten ſchließen wir die
Doppelfenſter feſt zu, ſetzen uns um den geheizten Ofen und
lauſchen dem Froſt und ſehen ins Schneegeſtöber; wenn wir
das Haus verlaſſen, hüllen wir uns in dicke Pelze und gleiten
im Schlitten übers Land. Daß uns die Kälte, wenn ſie zu
früh einſetzt oder zu lange anhält, manche Ernte zerſtört,
können Sie ſelbſt erraten. Ja, mein lieber Herr Hayes,
oſtpreußiſcher Bauer ſein, heißt, Neuland in rauhem Klima
ſtets von neuem in harter Arbeit erobern. Dann gilt für uns
mehr denn je das Goethe=Wort:

,Allen Gewalten zum Trotz ſich erhalten,
   Nimmer ſich beugen, kräftig ſich zeigen,
   Rufet die Arme der Götter herbei.'

„Und ich glaubte immer, daß die landwirtſchaftlichen Ver=
hältniſſe hier im Oſten des Reiches geradezu ideale ſind,"
warf David ein.

„Na, ideal iſt ſtark übertrieben, mein Freund. Gewiß, es
wäre undankbar von mir zu ſagen, daß die Bodenverhält=
niſſe nicht gut ſind. Wir haben kein Gebirge, wenig Wald,
faſt alles iſt Pflugland, hier fehlen vor allem die großen
Städte, wie ja der ganze Oſten wenig beſiedelt iſt. Iſt Ihnen
auf Ihrer Reiſe von Köln nach Berlin nicht aufgefallen, wie
ſich im Anfang Ihrer Fahrt Stadt an Stadt reihte, ſo daß
Sie durch eine einzige Großſtadt zu fahren meinten? Dieſes
Bild änderte ſich völlig, und von Berlin aus haben Sie ſicher
gemerkt, wie die Siedlungen immer dünner wurden, je weiter
oſtwärts Sie fuhren. Gott ſei Dank, ſind wir hier in unſrer
Provinz noch immer unter uns; an der Entwicklung der
Großſtädte haben wir glücklicherweiſe keinen Anteil. Wir
haben uns in keiner Weiſe geändert und bauen noch heute
genau ſo unſern Roggen und unſre Kartoffeln, wie es unſre
Väter getan haben."

„So ſind Sie alſo dem Moloch ,Induſtrie' noch nicht ver=
fallen?" fragte David.

„Und werden ihm auch nicht verfallen, das verhüte Gott!"
sagte er mit starker Betonung. „Ostpreußen hat keine Boden=
schätze, die den Aufbau einer Industrie begünstigt hätten.
Seine Bedeutung liegt in der Landwirtschaft, daneben ist
unsre Provinz besonders berühmt als Viehzuchtland. Haben
Sie als Engländer, dessen Land die besten Vollblüter in
Europa züchtet, nicht besonderes Wohlgefallen an unsern

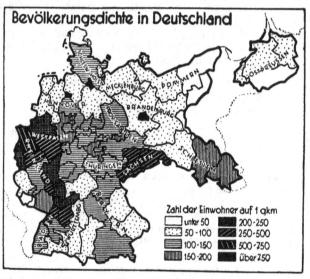

Pferden gefunden? Wie finden Sie übrigens die Stute, die
Sie reiten? Ist sie nicht lammfromm?"

„Sie geht ausgezeichnet, und ich bin Ihnen dafür sehr
dankbar, Herr Heese," erwiderte David.

Zum ersten Male sah David, daß Herr Heese mit besonderer
Wärme sprach, er merkte, daß er Landwirt mit Leib und
Seele war.

„Sagen Sie, wie ist es eigentlich hier mit den Besitzver=
hältnissen, Herr Heese? In Ostelbien herrscht doch aus=
nahmslos der Großgrundbesitz vor? So habe ich wenigstens
auf der Universität gelernt."

„Sie haben Recht. Die Besitzverteilung über das ganze deutsche Land ist höchst ungünstig; einem Vielzugroß einzelner Landschaften steht ein Vielzuklein andrer gegenüber. Also bei uns hier in Ostpreußen, in Pommern, Mecklenburg und zum Teil auch in Schlesien herrscht der Großgrundbesitz vor, hier verfügen 1½% der Besitzer über die Hälfte des gesamten Bodens, während im Südwesten des Reiches, also da, wo Sie schon waren, ein Bauerngut im Durchschnitt etwa 20 ha (Hektar) umfaßt."

„So bin ich also in der Heimat der preußischen Junker?"

„Mitten drinnen, mein Freund. Aber die vielgeschmähten preußischen Junker können für sich das Verdienst muster=gültiger Bewirtschaftung ihrer Güter in Anspruch nehmen. Sie waren es, die stets die Anregung gaben und auf die bäuerliche Bevölkerung einwirkten, denn sie hatten das Kapital und konnten besonders auch auf dem Gebiete der Viehzucht Ausgezeichnetes leisten. So manches Gut eines früheren Junkers ist ein Mustergut."

„Aber es sind doch unverbesserliche Reaktionäre," wandte David lächelnd ein.

„Wenn Sie Festhalten am Alten und Ererbten, Treue und Hingabe für König, Volk und Vaterland, reaktionär nennen, dann sind sie es gewesen. Der Ostpreuße muß widerstandsfähig, stark und von siegessicherer Tatkraft sein, will er sich durchsetzen. Aber darüber sprechen wir gelegentlich noch einmal, ich fahre Sie in den nächsten Tagen zu drei Denkmälern Ostpreußens, die kennzeichnend für seinen Charakter sind."

II. Drei Denkmäler Ostpreußens

Das erste der drei Denkmäler Ostpreußens, von denen Herr Heese gesprochen hatte, sollte David bald kennenlernen. Als Herr Heese in Königsberg zu tun hatte, nahm er seinen Gast mit und zeigte ihm die Sehenswürdigkeiten der Hauptstadt der Provinz. Er führte ihn unter anderm zu einem einfachen, wuchtigen Grabstein, unter dessen schwerer Platte die Gebeine Kants begraben lagen.

„Wenn Sie, mein lieber Herr Hanes," sagte Herr Heese, als
sie vor dem Grabmal Kants standen, „unsre Leute auf dem
Gut aufmerksam beobachtet haben, dann wird Ihnen sicher
aufgefallen sein, wie schwerfällig sie in ihrem Ausdruck und
wie langsam sie in ihren Bewegungen sind. Zu dieser Un=

Königsberg: Kant=Grabmal

beholfenheit und Schwerfälligkeit tritt etwas Suchendes,
Bohrendes. Dieser Zug des Suchens und Grübelns ist dem
ganzen Menschenschlag hier in der Nordostecke des Reichs
eigen; daher ist es kein Zufall, daß unser Stamm dem Volk
und der ganzen Menschheit nicht weniger als vier große
Philosophen geschenkt hat, von denen drei auch in Ihrem

Königsberg: Schloß und Krönungskirche

Lande und in der übrigen Welt bekannt sind: Kant und
Schopenhauer, Hamann und Herder. Sie kennen doch sicher
den Satz, durch den Kant zum Vater des preußischen Pflicht=
begriffs wurde?"

„Der Satz ist mir schon bekannt; aber ich möchte doch gern
hören, wie er auf deutsch lautet," erwiderte David.

„Nun, er stellte den Satz auf: ‚Handle so, daß die Maxime
deines Willens jeder Zeit zugleich als Prinzip einer allge=

Die Marienburg

meiner Gesetzgebung gelten kann,‘ d. h. in einfaches Deutsch
übertragen: Laß dich in deinem Handeln nur von deiner
Pflicht leiten. Beobachten Sie uns aufmerksam: Sie werden
feststellen, daß diesem Menschenschlag hier das Pflichtgefühl
erstes und oberstes Gebot ist."

An einem schönen, sonnigen Spätsommertage, als die Ernte
geborgen war und die landwirtschaftliche Arbeit nicht mehr so
sehr drängte, fuhr Herr Heese mit seinem Gast zunächst nach
der Marienburg und erklärte ihm ihre Bedeutung. Die Burg

wurde von den Rittern des deutschen Ordens erbaut, die das Land hier im Osten kolonisiert hatten, als Stützpunkt und Schutzwall in Stunden feindlichen Ansturms. So war die Marienburg allen kommenden Geschlechtern ein Schwur=finger, der weit ins Land hinein zeigte, nimmer dieses müh=sam erstrittene Gebiet wieder preiszugeben.

Von da ging die Fahrt durch das offene, weite, reizlose Land zum Tannenbergdenkmal.

„Tannenberg", sagte Herr Heese ernst, „zeigt an, was ein deutscher Sieg für die Weltgeschichte zu bedeuten hat. Hier auf dem Felde, auf dem er den größten Sieg der neueren Zeit erstritt, ruht der größte Feldherr des Weltkrieges und schläft den ewigen Schlaf, umgeben von 20 unbekannten Soldaten.

„Neben den wehmütigen, stolzen Gedanken an die wuchtige Soldatengestalt des großen Feldmarschalls, des Vaters des Vaterlandes, der er uns später wurde, weckt dieses Tannen=bergdenkmal stets noch andre Erinnerungen in mir. Vor meinem geistigen Auge zieht sofort vorüber der tausendjährige Kampf im Westen um den Rhein und das noch länger dauernde Ringen der Deutschen um den Osten."

III. Berlin

Dorotheenstraße 11
Berlin, N.W. 7
6. 8. 1935.

Lieber Wilson!

Die Tage von Ostpreußen liegen hinter mir. Nun bin ich — nicht wie Du denkst, auf der Fahrt nach Heidelberg, sondern nach Jena. Du wunderst Dich sicher sehr, ja? Der Vater meines Freundes riet mir sehr, auf eine andere Universität zu gehen. „Fahren Sie nach Jena, das liegt entzückend; dort wird es Ihnen großartig gefallen, und da Dietrich auch hingeht, haben Sie gleich Anschluß," sagte er mir. Gesagt, getan. Im Augenblick bin ich in Berlin, wo wir einige Tage bleiben werden, und da Du die Hauptstadt des deutschen Reichs nicht kennst, sollst Du einen kurzen Bericht haben.

Also Berlin, durch die Brille eines Engländers gesehen: Du darfst Dir nicht eine alte Stadt wie London vorstellen, auch keine ausgesprochen historische Stadt wie Rom, noch eine schöne Stadt mit überraschenden Durchblicken wie Paris. Es ist eine verhältnismäßig moderne Stadt, in der alte Gebäude,

Aus der Vorkriegszeit: Droschkenkutscher mit
Gaul und Weißbier

von wenigen Ausnahmen abgesehen, fehlen. Alles trägt den Stempel des vorigen Jahrhunderts, das zu Anfang sehr bescheiden war, gegen Ende etwas protzenhaft wirkte. Kaum 1 % (eins Prozent) der Häuser, so sagte man mir, sei älter als ein halbes Jahrhundert. Die Stadt ist ungeheuer schnell gewachsen, in 100 Jahren ist Wien siebenmal größer geworden, London fünfmal, Paris viermal, Berlin dagegen fast zwölfmal.

Dabei sind die Vororte nicht eingerechnet. Mit ihnen hat Berlin heute mehr Einwohner als irgendeiner der deutschen Staaten, Bayern und Württemberg allein ausgenommen. Nirgendwo in Europa sitzen die Menschen so dicht beisammen wie in Berlin; in einem Hause wohnen durchschnittlich 60 bis 70 Menschen. Hat der Deutsche schon an und für sich wenig Lebensraum, hier in Berlin wohnen die Menschen fast aufeinander.

Das Landschaftsbild ist nicht reizlos: sehr viel Wasser, Wald und Grünes in der Umgebung bringen reichlich Abwechslung. Störend empfinde ich nur den vielen Sand. Verlaß Berlins gut asphaltierte Straßen, schon stapfst Du im Sande seiner Kiefernwälder umher und schimpfst; der Berliner aber singt voller Stolz:

> „Wiese, Wasser, Sand,
> Das ist des Märkers Land,
> Und die grüne Heide,
> Das ist seine Freude."

Berlin ist eine Stadt der Volksmassen. Ganz im Gegensatz zu unserm lieben, alten London ist es einer der Mittelpunkte der deutschen Industrie. Als ich auf meinen Fahrten durch die Stadt immer wieder die zahlreichen Schornsteine sah, die selbst im Westen nicht fehlen, in den Wohnvierteln der besseren Schichten, erkundigte ich mich und hörte, daß Berlin ein Mittelpunkt der Maschinen= und elektrischen Industrie, der chemischen und Metallindustrie ist. Auch ist hier der Hauptsitz für Wohnungs= und Bekleidungsbedarf, für Buch= und Zeitungsverlag. So mußt Du Dir Berlin als eine der industriereichsten Städte Deutschlands vorstellen, in der über die Hälfte der Bewohner im Gewerbeleben tätig sind und 1/4 im Handel und Verkehrswesen.

Wenn Du das liest, mein lieber Wilson, wirst Du sagen: der David ist ebenso gründlich und gelehrt geworden, wie die Deutschen es sind; oder Du wirst vielleicht lächelnd vor Dich hinmurmeln: der David will zeigen, daß er in Oxford Volks= wirtschaft studiert hat. Nein, mein Lieber, ich will damit nur andeuten, daß Du mich gelehrt hast, mit offenen Augen durch ein fremdes Land zu gehen. Zufrieden mit mir?

Schließlich möchte ich noch ein paar Bemerkungen über den Berliner machen, zu deſſen Verſtändnis das vorher Erwähnte nötig iſt. Mein deutſcher Freund und ich waren an einem Abend in einem prächtig ausgeſtatteten Café; Berlin hat deren ſehr viele. Eine ganz hervorragende Kapelle ſpielte wunder= voll, Du hätteſt denken können, jeder einzelne Muſiker ſei ein Künſtler, man konnte auch tanzen. Ich ſaß mit meinem

Berlin: Leipzigerſtraße

deutſchen Freunde den ganzen Abend an einem Tiſch allein, die Nebentiſche waren alle beſetzt. Aber es kümmerte ſich niemand um den andern; jeder lebte in einer kleinen Welt für ſich, jeder Tiſch glich einer Inſel im Meer, die mit der an= dern ohne Verbindung iſt. An einem andern Abend waren wir in einem Weinlokal und aßen Abendbrot. Du denkſt ſofort an unſern Abend in Rüdesheim. Nein, mein lieber Wilſon, ſo war es nicht. Wieder ſaßen wir an einem Tiſch

allein und unterhielten uns den ganzen Abend für uns. Die
Leute aßen und tranken gut, genau wie wir, die Stimmung
war ausgezeichnet, aber stets gemessen, nie ins Lustige,
Fröhliche oder gar Ausgelassene übergehend. In Rüdesheim
oder München konnten wir nicht eine Stunde im Lokal sitzen,
ohne mit irgendjemandem Bekanntschaft gemacht zu haben,
und in Berlin kannst Du Abend für Abend ausgehen, ohne je

Tempelhofer Flughafen: „Die neueste Probe ihrer
Organisationskunst"

ein Wort mit einem Fremden gesprochen zu haben. Woran
liegt das? wirst Du fragen. Ich habe, wie Du Dir denken
kannst, oft diese Frage in den Tagen meines Hierseins ge=
stellt und bekam zur Antwort, daß der Berliner steif und kurz
angebunden ist. Ihm fehlt das Sonnige, Frohe in seinem
Wesen. Die nüchterne Denkungsart überwiegt bei ihm; er ist
ganz und gar Pflichtmensch.

Noch ein kleines Erlebnis von mir will ich hinzufügen, das an und für sich ganz unbedeutend ist, aber doch bezeichnend für das, was ich Dir eben schrieb. Ich war einmal allein ausgegangen und hatte mich verlaufen. Ich ging zum nächsten „Schupo" — so sagt man hier als Abkürzung für Schutzpolizisten — und fragte ihn um Rat. Höflich kam die Antwort, aber da war kein Wort zuviel gesagt; knapp und bündig kam die Auskunft, wie aus der Pistole geschossen; stramm und schneidig wirkte der Mann. Und diese Beobachtung machst Du überall, bei den Beamten in den Ämtern, auf der Eisenbahn, im Autobus und in der Straßenbahn. Da wird nirgends ein Wort zuviel gesagt, eher eins zu wenig. Aber so nüchtern und prosaisch der Berliner wirkt, so ist er andrerseits peinlich genau und pünktlich, zielbewußt und energisch. Schwierigkeiten kennen die Leute hier nicht, in Ausdauer und ernstem Streben nehmen sie es noch mit jedem auf. Die neueste Probe ihrer Organisationskunst haben sie beim Bau des Flughafens geleistet, der der modernste Europas ist.

Was wirst Du nun zu diesem langen, gelehrten Briefe sagen? Hoffentlich habe ich Dir als Dein Schüler etwas Freude gemacht. Doch nun aber schleunigst Schluß! Ich will heute Abend noch ins Theater und morgen nach Potsdam, worauf ich mich besonders freue.

Viele Grüße von Deinem
David Hayes.

P.S. Was sagst Du zu dem guten Deutsch? Leider ist es noch nicht ganz von mir. Dietrich Heese hat wacker geholfen. Aber Du hättest ja diese kleine „Mogelei" auch ohne mein Geständnis gemerkt.

IV. Im Park von Sanssouci

An einem schönen Tage saßen Dietrich Heese und David auf einem Dampfer, der sie von Berlin nach Potsdam brachte. Aus der Spree gelangten sie in die Havel, deren Ufer von Wald, prächtigen Villen und malerischen Gartenlokalen um-

säumt sind, in die die Berliner am Sonntag hinausströmen,
um sich der anmutigen Landschaft zu erfreuen. Auf dem Fluß
sah man kleine Dampfer und Motorschiffe, Segler, Paddel=
boote und Kanus in buntem Durcheinander einherfahren.
Lustig flatterten die Wimpel, stolz bauschten sich die Segel im
Winde.

An der Havel

„Was ist das für ein buntes Bild!" rief begeistert David
aus, indem er auf das lebhafte Treiben auf dem Fluß hinwies
und auf das Hin und Her an seinen Ufern zeigte. „Ich hätte
gar nicht gedacht, daß Berlin eine so schöne Umgegend hat."

„Die nähere Umgebung von Berlin ist wirklich voller Reize
und sticht angenehm ab gegenüber der Eintönigkeit der Mark.
Weite Ebene, Derbheit und Kargheit, Härte und Einfach=

heit — das sind die Hauptmerkmale der märkischen Landschaft.
Was wollen Sie auch von einer Landschaft erwarten, die
nichts Anderes aufzuweisen hat als Sand und Kiefern, deren
einziger Reiz die vielen Seen sind? Und doch liebt der
Berliner diese eintönige, reizlose Landschaft so sehr. Hören
Sie, was diese Schulklasse auf der anderen Seite des Dampf=
fers singt. Es ist ein Preislied auf die Mark."

1. Mär - ki-sche Hei - de, mär - ki-scher Sand, sind des Mär -kers
Freu - de, sind sein Hei-mat-land, sind sein Hei-mat-land. Stei -ge
hoch, du roter Adler, hoch ü-ber Sumpf und Sand, hoch ü-ber dunk-le Kie-fern-
- wäl - der, Heil dir, mein Branden-bur -ger Land, hoch Land!

Schon nahten die Türme von Potsdam, das den preu=
ßischen Königen so viel war wie Versailles den französischen
und Windsor den englischen. Bald traten die beiden Freunde
in die Stadt ein, deren Name ein Symbol ist.

David bewunderte die monumentalen Plätze, die Kirchen
und Schlösser, die herrlichen Fassaden der Häuser am Markt,
die auf die Anregung des großen Königs zurückgingen, und
er war erstaunt über die Geschlossenheit des Eindrucks, den
die Stadt auf den Fremden macht. Er stellte fest, daß die
Straßen schnurgerade angelegt waren, daß die Häuser der
Bürger einander glichen wie ein Ei dem andern und daß sie
ausgerichtet dastanden wie die Soldaten eines Regiments.

„Ich gebe Ihnen ohne weiteres zu“, bemerkte Dietrich Heese, „daß dadurch ein leichter Hauch von Steifheit und Nüchternheit zweifellos über die Stadt kommt, die eben eine Stadt der Soldaten und Beamten ist, und da die preußischen Beamten und Offiziere wirtschaftlich nie auf Rosen gebettet waren, dürfen Sie weder Reichtum und Eleganz noch äußeren Schein in dieser Stadt erwarten; hier haben immer äußerste Sparsamkeit und spartanische Einfachheit geherrscht. Im Gegensatz zu Ihrem reichen Lande war Preußen stets ein armes, ein sehr, sehr armes Land. Doch kommen Sie erst mal weiter, Sie sollen kein Urteil abgeben, ehe Sie Sanssouci gesehen haben.“

Am Ende der Stadt lag der Park, in den die beiden Freunde nunmehr eintraten. Gut gepflegte Wege, alte, hohe schattige Bäume, weite Grasflächen nahmen den Besucher gefangen. Über einem Springbrunnen erblickten sie plötzlich hoch oben auf der obersten von zahlreichen Terrassen das Schloß Sanssouci, das sich Friedrich der Große hier in seiner Soldatenstadt erbaut hatte, ein einfaches, einstöckiges Rokokoschloß, von dem aus der geniale König einen Blick auf die Terrassen und Springbrunnen zu seinen Füßen, auf die Bäume im Park, weiter auf die Havel und ihre Seen und schließlich die weite, öde märkische Landschaft hatte, die den Horizont begrenzte. Es waren die weiten Wasserflächen um Potsdam herum, auf die er vom Schloß herabschaute und die ihn am meisten begeisterten. „Potsdam, Potsdam brauchen wir, um glücklich zu sein,“ rief er einmal mitten im siebenjährigen Kriege aus.

„Das also ist das Schloß des großen Königs“ sagte nach einer Weile Dietrich Heese, der mit David auf einer Bank Platz genommen hatte, von der sie einen prächtigen Blick auf das Schloß genossen.

„Da oben auf der Terrasse pflegte er zu sitzen, wenn er sich von des Tages Mühen und Lasten ausruhte. Aber seine Erfolge brauche ich Ihnen nichts zu erzählen; als Engländer wissen Sie ja genau, wie Ihr größter Staatsmann Pitt ihn verehrte. War es doch Friedrich der Große, der als ‚kontinentaler Degen‘ Englands die Franzosen auf dem Festland in

Sanssouci

Schach hielt, währenddessen Ihre Landsleute Amerika und Indien eroberten. Was ich Ihnen aber angesichts dieses Schlosses sagen möchte, ist, daß er nicht nur der Schöpfer preußischer Größe, sondern auch der Vater des Preußentums ist."

„Was verstehen Sie eigentlich unter Preußentum? Bei uns hat doch das Wort keinen guten Klang, muß ich Ihnen offen gestehen."

„Ich weiß, Sie verstehen darunter die Auswüchse des Drills und der militärischen Organisation in ihrer Überspitzung. Aber das Preußentum hat noch andere Seiten. In der Zeit des finstersten Absolutismus, kurz nachdem der ‚Sonnenkönig' Ludwig XIV. das anmaßende Wort gesprochen hatte ‚Der Staat bin ich', sagte dieser König, vor dessen Schöpfung wir sitzen, das Wort: ‚Der Fürst ist der erste Diener des Staates.' Und gedient hat er ihm Zeit seines Lebens mit all seinen Kräften. Er kannte nur Pflichten, als Monarch stark erhöhte Pflichten gegenüber seinen Untertanen. Und er hat es verstanden, in seinen Untertanen dieses Pflichtgefühl großzuziehen. Er erzog seine Preußen zu peinlich genauen, pünktlichen Pflichtmenschen, so daß 100 Jahre später ein märkischer Dichter witzig sagen konnte: ‚Wir Märker haben alle unsre Normaluhr im Kopfe.' Einen so vollen Erfolg hatte der große König mit seinem Erziehungswerk, daß fortan ‚Preuße sein' gleichbedeutend war mit ‚Pflichtmensch sein,' sein Alles, sich selbst dem Staate hingeben in völliger Aufopferung.

„Aber nun kommen Sie weiter durch den Park. Am andern Ende will ich Ihnen das Schloß zeigen, das sich der große König erbaute, als der Siebenjährige Krieg beendet war, um seinen Feinden zu zeigen, daß er noch lange nicht am Ende seiner Kraft war. Die preußischen Könige haben es als Sommerresidenz benützt, hier starb Kaiser Friedrich III, der in Ihrem Lande so wohlbekannte Schwiegersohn der Königin Victoria; hier wohnte auch der letzte deutsche Kaiser.

„Damit bin ich mit meiner Führung zu Ende. Ich bin mir bewußt, daß ich Ihnen nichts Prunkhaftes zeigen konnte, wie etwa die Franzosen in Versailles bieten können, sondern daß ich Ihnen nur etwas Schlichtes, Einfaches, wenn auch Stil-

volles zeigen konnte, das den Charakter des größten preu=
ßischen Königs getreulich widerspiegelt."

V. Im Herzen Deutschlands

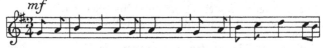

1. An der Saa - le hellem Stran - de ste - hen Bur-gen stolz und
2. Zwar die Rit - ter sind ver-schwun-den, nim - mer klin-gen Speer und
3. Dro - ben win - ten hol-de Au - gen, freund-lich lacht manch ro - ter
4. Und der Wandrer zieht von dan - nen, denn die Tren-nungs-stun - de

kühn.   Ih - re   Dä - cher sind zer - fal - len, und der
Schild;   Doch dem   Wan - ders-mar er   schei - nen auf den
Mund.   Wandrer   schaut oft in die   Fer - ne, schaut in
ruft,   und er   sin - get Abschieds - lie - der. Le-be-

Wind streicht durch die Hal - len, Wol-ken zie-hen drü - ber hin.
alt - be - moo-sten Stei-nen oft Ge - stal-ten zart und mild.
hol - der   Au - gen Ster - ne; Herz ist hei - ter und ge-sund.
wohl, tönt ihm her-nie - der, Tü-cher we-hen in der Luft.

Die letzten Töne des zweistimmig gesungenen Liedes waren
verklungen, und begeistert schaute ein Dutzend Jenenser
Studenten in das liebliche Tal der Saale, die sich zwischen
den Bergen des Thüringer Landes hindurchschlängelt. David
Hayes war in ihrer Mitte, er hatte vollen Anschluß gefunden
und genoß das Studentenleben in vollen Zügen.

„In Jene lebt sich's bene" lautete das Motto der Studen=
ten, und in der kurzen Zeit, da er in Jena lebte, hatte er
gefunden, daß dieses Wort zurecht bestand. Da war kein
freier Tag, an dem sie nicht hinauszogen in das liebliche Land,
entlang an den Ufern der Saale, hinauf auf die Berge und
wieder hinab in ein neues Tal, das ein Berg mit einer Burg

„In Jene lebt sich's bene"

begrenzte. „Thüringen iſt das Land der Berge und Burgen,“ hatte man ihm gleich zu Beginn ſeines Aufenthaltes geſagt, als er die erſten Ausflüge gemacht hatte. Und nun hatte er bereits einen Eindruck von dem Lande bekommen, das zwiſchen den weiten Ebenen Norddeutſchlands und dem Hoch= gebirge Süddeutſchlands vermittelt. Zwiſchen den beiden ſo ſchroffen Gegenſätzen ſteht Thüringen, gerade in der Mitte. Aus Berg und Tal baut ſich das Land auf; kein Berg iſt höher als 1000 m, und kein Tal iſt ſo ausgedehnt, daß es nicht ein

Thüringiſche Waſſermühle

Wanderer in bequemem Fußmarſch ſchnell durcheilte. So erſcheint die Landſchaft in ſtändiger Bewegung, alles iſt Leben, alles iſt Bewegung.

> „Wer einmal dieſen Jungborn fand,
> Der ſchöpft aus keinem andern.
> Thüringer Wald, Thüringer Land,
> Nur hier mag ich noch wandern“

ſang voller Begeiſterung der Dichter Victor Scheffel.

Genau wie die Landschaft, so fand David die Menschen. Sie empfangen ihren Grundcharakter von der Landschaft, sie sind ein Gemisch von süddeutscher Gemütsart und norddeutscher Bildung, von Lebenslust und Sentimentalität. Ein Volk, das

Der Rattenfänger (aus dem Spielzeugmuseum zu Sonneberg)

dem Waldesrauschen und dem Vogelsang lauscht, das ständig in sanft geschwungene Berge hinausblickt und liebliche Täler entlangschaut, ist froh und heiter gestimmt, ist gemütlich und liebenswürdig. Hatte Bismarck von den Märkern gesagt: „Uns Märkern fehlt allen eine halbe Flasche Champagner in Blut und Temperament," auf die Thüringer traf das nicht zu. Diese Leute waren von Natur heiter und vergnügt und temperamentvoll.

So war David nicht weiter erstaunt festzustellen, daß die Musik in diesem Bezirk eine noch größere Rolle spielte als sonst in Deutschland, dem Land des Sanges und der Musik. „In zwei Häusern werden drei Geigen gespielt" lautet ein geflügeltes Wort in Thüringen, und mehr als einmal hörte er hier die Mahnung

> „Wo man singt, da laß dich fröhlich nieder.
> Böse Menschen haben keine Lieder."

Diese lustigen, gemütvollen Leute waren zugleich ein betriebsames Völkchen. Karg war der Boden. Außer der Kartoffel und etwas Roggen für die notwendigsten Bedürfnisse bot er nichts. Bodenschätze barg er auch nicht. Verhungert wäre das Volk, wenn es nicht tätig und fleißig gewesen. Durch Blumen- und Gemüsezucht, durch Anfertigung von Puppen und Spielwaren, die in die ganze Welt gehen, durch Handweberei und Herstellung von Christbaumschmuck, durch die Fabrikation von Uhren und Musikinstrumenten und vor allem durch Porzellananfertigung und Glasbläserei verdient der Thüringer das zum Leben Notwendigste. David hatte noch kein Tal entdeckt, keine Waldgegend, in der nicht einsam ein Schornstein rauchte oder abseits eine kleine Fabrik stand, die vom rauschenden Wasser betrieben wurde. Da fanden die Leute der Berge ihre Arbeit und ihren Lohn, der freilich kümmerlich war.

Da es in der Hauptsache Handarbeit war, war der Verdienst nicht groß, und die Armut in den Gebirgsgegenden ist schon sprichwörtlich. Schon im späten Mittelalter gab es einen lateinischen Spruch, der ins Deutsche übertragen lautet: „Lieblich mundet dem Thüringer stets ein gebratener Hering. Aus einem einzigen Kopf bereiten sie fünf der Gerichte."

Die Kartoffel spielt auf dem Speisezettel eine große Rolle:

> „Morgens rund, mittags gestampft, abends in Scheiben,
> Dabei soll's bleiben, es ist gesund."

Noch einen andern Vers hörte David, der die Bedürfnis=
losigkeit der Thüringer verkündet:

> „Kartoffeln in der Früh,
> Zum Mittag in der Brüh,
> Des Abends mitsamt dem Kleid,
> Kartoffeln in Ewigkeit."

Erst wenn er an die hohen Ansprüche dachte, welche die unteren
Klassen seines eignen Volkes stellten, kam ihm so recht zum
Bewußtsein, wie bedürfnislos und bescheiden die Leute hier
im „Grünen Herzen Deutschlands" waren, die trotzdem ver=
gnügt und fröhlich waren, an jedem freien Tage auf die Berge
gingen und bei ihren Festen recht lustig sangen und tanzten.

VI. Weihnachtsferien in Sachsen

Der Winter war hereingebrochen, und schon lange war Jena
und seine Umgebung in Schnee und Eis gehüllt. Die Aus=
flüge der Studenten in die Berge waren seltener geworden,
dafür wurde eifrig gearbeitet. Aber schon stand David etwas
Neues bevor: Er war eingeladen worden, die Weihnachts=
ferien in der Familie eines seiner neuen Freunde zu ver=
bringen. Da sein Freund Heese zu seinen Eltern nach Ost=
preußen fuhr, nahm er die Einladung gerne an. „Denn in
den Weihnachtsferien ist nicht ein einziger Student in Jena,
jeder ist in seinem Elternhause, und wer keine Eltern hat, der
wird eingeladen. Sie wollen doch nicht allein in Jena bleiben?"
hatte Gerhard Winterstein gefragt, als David sich anfangs
sträubte, die Einladung anzunehmen.

Und nun saß er bereits im Zuge, und nach kurzer Zeit waren
die beiden Freunde schon in Leipzig. „Schauen Sie sich gut
um, Sie sind hier im größten Bahnhof Europas. Er heißt
oft der Hauptbahnhof Deutschlands, gerade wie man Deutsch=
land den Hauptbahnhof Europas nennt, infolge seiner überaus
glücklichen Lage in der Mitte des Festlandes. Daher hat
Leipzig neben Berlin den größten Binnenverkehr und ist eine
mächtige Handelsstadt wie Hamburg."

„Finden in Leipzig nicht die Meſſen ſtatt?" fragte David.

„Jawohl. Leipzig iſt die Stadt der Meſſe und vor allem des Buches."

„Leipzig iſt auch Muſikſtadt, und ſeine Gewandhaus=konzerte ſind weltberühmt; aber abgeſehen von dem Völker=ſchlachtsdenkmal zur Erinnerung an den entſcheidenden Sieg über Napoleon im Jahre 1813 und dem monumentalen Bau des Reichsgerichts, des höchſten Gerichts in Deutſchland, bietet

Der Hauptbahnhof Deutſchlands

die Stadt nichts Beſonderes an ſchönen Bauten; es iſt ganz einfach eine Großſtadt von mehr als einer halben Million, eine Steinwüſte wie jede Großſtadt mit einer reizloſen Um=gebung." Als ſie ſchon eine Weile im Zuge ſaßen, fragte David ſeinen Freund: „Auf dem Bahnhof in Leipzig ſah ich viele Züge, auch große Fernzüge, ein= und ausfahren, die elektriſch betrieben wurden. Wie kommt denn das?"

„Das liegt daran, daß in der Nähe von Leipzig große Braunkohlenlager ſind, die den elektriſchen Strom liefern."

„Haben Sie denn viel Braunkohle? Von der Braunkohle müssen Sie mir überhaupt mehr erzählen, denn wir in England haben keine." „Vor dem Kriege haben wir die Braunkohle nicht stark beachtet, da wir ja genug Steinkohle hatten.

Zur Erinnerung an das Jahr 1813

Sie wurde vornehmlich zum Hausbrand benützt. Erst durch den Verlust unsrer großen Steinkohlenvorkommen in Oberschlesien ist die Braunkohle seit 1919 stark in den Vordergrund gerückt und wird nun auch in der Industrie verwendet. Sie hat zwei nicht zu unterschätzende Vorteile: sie kann zum allergrößten Teil im Tagebau gewonnen werden, ist dadurch viel billiger, dann liegt sie viel günstiger."

„Wie meinen Sie das?" fragte David.

„ Sie liegt nicht wie die Steinkohle zusammengeballt an den Grenzen des Reichs im Bereiche der feindlichen Kanonen, sondern sie ist über verschiedene Teile des Reichs verstreut.

Der größte Teil liegt hier im Herzen Deutschlands. Daß sie an Ertrag weit hinter der Steinkohle steht, nur 1/5 ihres Heizwertes hat, ist Ihnen sicher bekannt. Diesen Mangel gleicht sie wieder dadurch aus, daß man sie an Ort und Stelle nutzbar machen kann. Ein nicht sehr kompliziertes Werk, das man am Rande der Grube errichtet, verwandelt sie in elektrischen Strom, der auf leichte und wenig kostspielige Weise in die nähere und weitere Umgebung abgegeben wird. Von hier aus wird z. B. (zum Beispiel) Berlin mitversorgt, das mehr als 150 km entfernt ist."

„Und wie groß sind die Vorkommen?"

„In ganz Deutschland sind es ungefähr 22 Milliarden Tonnen, die für mehr als 100 Jahre reichen. Also an Kohle wird es uns in den nächsten Generationen bestimmt nicht fehlen. — Doch nun begleiten Sie mich, ich will schnell mal an meinen Vater telephonieren und ihn bitten, uns den Schlitten an die Bahn zu schicken, wenn genügend Schnee ist."

„Sie haben sich wohl versprochen: Sie meinen doch telegraphieren?"

„Nein, nein, ich werde in 5 bis 10 Minuten mit meinem Vater in Chemnitz sprechen, von hier aus dem Zuge heraus, doch kommen Sie nur mit!" Damit führte er seinen Gast zu einem Abteil, in dem eine Fernsprechanlage eingebaut war, die von einem Postbeamten bedient wurde. Nach wenigen Minuten war die Verbindung hergestellt, und ohne Umschweife sprach Gerhard Winterstein mit seinem Vater aus dem mit einer Geschwindigkeit von 100 km einherbrausenden Zuge und hatte keinerlei Verständigungsschwierigkeiten.

„Ihre Reichsbahn ist wirklich unübertrefflich in dem, was sie den Fahrgästen bietet," sagte David zu seinem Freunde voller Anerkennung. „Ihr Kundendienst ist vorbildlich."

Nach einer Stunde weiterer Fahrt waren die beiden Freunde in Chemnitz angelangt, und ein von zwei Rappen gezogener Schlitten führte sie bei hellem Schellengeläute über die weiße Fläche. Vor der Villa eines Chemnitzer Fabrikanten hielt der Schlitten an.

Die Tage vor dem Fest vergingen rasch, der Weihnachtsabend war herangekommen. Ein prächtig gewachsener Tannenbaum, der vom Fußboden bis an die Decke reichte, war am letzten Tage mit Silberfäden und buntem Schmuck, mit Glöckchen und Sternen geschmückt worden und erstrahlte am Abend in seinem Lichterglanze. Die Flügeltüren des Zimmers wurden geöffnet, und die Familie trat ein. Das jüngste Kind stellte sich vor den Baum und sagte auswendig die

Weihnachtsgeschichte aus dem Evangelium des Lucas auf. Darauf sang die ganze Familie gemeinsam:

Stille Nacht! Heilige Nacht! Alles schläft, einsam wacht nur das traute, hoch heilige Paar. Holder Knabe im lockigen Haar, Schlaf in himmlischer Ruh, Schlaf in himmlischer Ruh.

Nachdem das stimmungsvolle Lied verklungen war, führte die Mutter jedes der Kinder an seinen Gabentisch und zeigte ihm seine Geschenke. Groß war die Freude der Kinder, wenn ein besonderer Lieblingswunsch erfüllt oder eine Überraschung geglückt war. So herrschte bald eitel Freude und Jubel in dem großen, von Tannenduft erfüllten Raum. Auch David war nicht vergessen worden. Eine nette Krawatte, ein Buch, „die 13 Bücher der deutschen Seele" von Wilhelm Schäfer, einem repräsentativen Schriftsteller des modernen Deutsch= lands, ein in elegantem Lederband gebundener Kalender für das neue Jahr und ein großer Teller mit viel Pfeffer= kuchen, Marzipan und Nüssen, der sich übrigens auf jedem Gabentisch befand, waren auf seinem Platz.

Nachdem das Elternpaar sich gegenseitig „einbeschert" hatte, ging es zu Tisch. Es wurde das typische Weihnachts= essen der Deutschen aufgetragen: Karpfen. Danach ging es in das Weihnachtszimmer zurück, und David hörte noch manches Weihnachtslied der Deutschen, von denen ihm „O Tannenbaum" und „O du fröhliche, O du selige, gnaden= bringende Weihnachtszeit" am besten gefielen. Froh und vergnügt saß man beisammen, plauderte, zeigte sich voller

Freude die Geschenke, tat den ersten Blick in die neuen Bücher und schaute immer wieder in den Lichterglanz und sang zwischendurch wieder mal ein Weihnachtslied. Es war ein Abend voll zarter, inniger Stimmung und Gemütlichkeit, der David hinreichend Gelegenheit gab, ihn mit dem Weihnachtsfest in der Heimat zu vergleichen.

Unaufhörlich schneite es in den Feiertagen weiter. War am Tage seiner Ankunft in Chemnitz der Schnee noch dürftig, so daß man zur Not Schlitten fahren konnte, so lag er nunmehr reichlich hoch. Tag um Tag ging David mit seinem Studienfreunde und dessen ältester Schwester hinaus, sie fuhren auf Schneeschuhen durch die Landschaft, in der jeder einzelne mit Schnee und Eiszapfen behangene Tannenbaum wie ein Weihnachtsbaum wirkte, oder sausten auf schnellen Rodelschlitten die Berge hinab ins Tal. Gerhard erklärte seinem Freunde die Landschaft und machte ihn darauf aufmerksam, daß hinter den Bergen, die er so nahe vor sich sah, schon die Tschecho-Slowakei läge. Was war das für eine Lust und ein Vergnügen für David, der Wintersport in keiner Form kannte und der deutsches Land in immer neuer Form mit all seinen Reizen und Abwechslungen, aber auch mit seinen Sorgen und Nöten kennenlernte! Abend für Abend erkundigten sich die Eltern, ob er auch genügend Neues gesehen und kennengelernt, ob er Vergnügen gehabt hätte.

„An einem Tage nach Neujahr nehme ich Sie dann mal mit in die Fabrik," sagte Herr Winterstein, „damit Sie eine Vorstellung haben, wie es im deutschen Bradford aussieht — vorausgesetzt natürlich, daß es Sie interessiert", fügte er hinzu.

„Sie könnten mir keinen größeren Gefallen tun," erwiderte bescheiden David. „Aber wieso sprechen Sie denn vom deutschen Bradford?"

„Weil Chemnitz der Hauptsitz der sächsischen Textilindustrie ist, der Ort der Spinnerei, Weberei und Strumpfwirkerei. Es zählt heute über 350 000 Einwohner und schreitet energisch auf die halbe Million zu," sagte Herr Winterstein stolz.

„Ich ahnte nicht, daß hier so viel Industrie ist."

Sie fuhren auf Schneeschuhen durch die Landschaft

„Sie sind hier in einem der dichtest besiedelten Industrie=
gebiete von ganz Deutschland," sagte Herr Winterstein. In
bezug auf Dichte der Industrie können wir es mit dem Ruhr=
gebiet aufnehmen."

„Und was für Industrie haben Sie hier? Nur Textil=
industrie?"

„Ganz und gar nicht. Unweit von hier sind große Kohlen=
lager, da blüht die Maschinen= und Autoindustrie. Sie kennen
doch die Wagen der Autounion, die gemeinsam mit den
Mercedes=Wagen die großen internationalen Autorennen
Europas bestreiten und so oft siegreich heimkehren konnten?
Sie haben ihre Fabriken in unsrer Stadt. Viele andere, auch
im Auslande bekannte Firmen haben ihre Betriebe hier oder
in der Umgebung. Wenn die Straßen nicht so glatt wären,
würde ich sagen, wir wollen mal eine größere Fahrt in die
Umgegend machen, damit Sie einen umfassenden Eindruck
bekommen. Aber zunächst erwarte ich Sie mit Gerhard mal
in der Fabrik."

※　　※　　※　　※　　※　　※

„Morgen abend gibt's in Dresden in der Staatsoper
‚Arabella' von Richard Strauß. Was würdet Ihr sagen,
wenn Ihr hörtet, daß Euer Vater Karten dazu besorgt hat?"
fragte gutgelaunt Herr Winterstein die Seinen bei Tisch
wenige Tage nach Neujahr.

„Vater, das ist nicht wahr?" rief die älteste Tochter, eine
begeisterte Musikliebhaberin aus, sprang auf und küßte ihren
Vater.

„Da habt Ihr Euren gütigen Vater, der Euch jeden Ge=
fallen tut," sagte strahlend Frau Winterstein zu ihren Kindern.

„Und was sagen Sie dazu, Herr Hayes?" fragte Herr
Winterstein.

„Ja, darf ich denn auch mit?" gab bescheiden David
zurück.

„Na, meinen Sie, wir lassen unsre Gäste zu Hause, noch
dazu bei Genüssen, die sie im eigenen Lande nicht so oft
vorgesetzt bekommen? Ich freue mich gerade für Sie, Ihnen
das Vergnügen machen zu können. Ich schlage also vor, wir

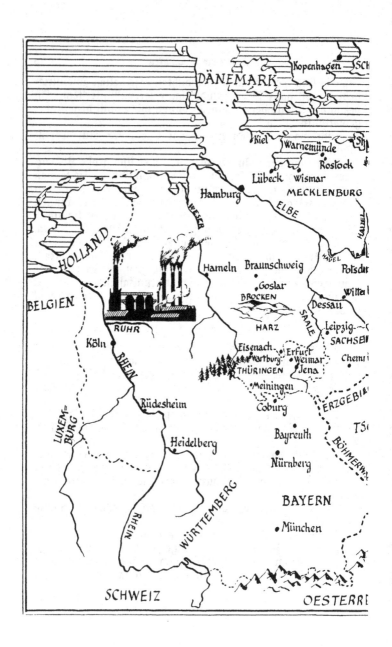

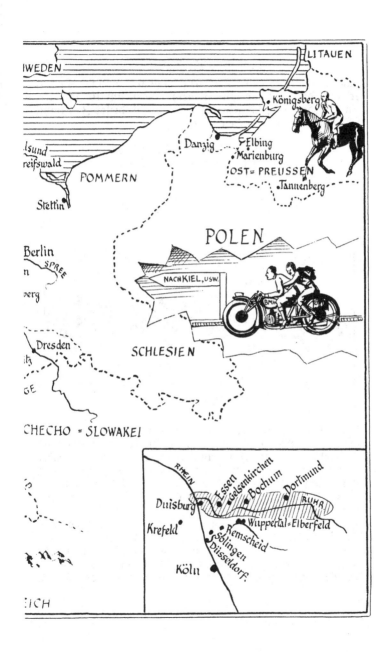

fahren morgen um 10. Ich gehe früh noch einmal ins Kontor,
erledige die Post und bin mit dem Wagen um 10 Uhr hier.
In Dresden habe ich geschäftlich zu tun, in dieser Zeit könnt
Ihr unserm Gast Dresden zeigen."

Eine knappe Stunde währte die Fahrt durch Fabrikstädte,
Kohlenorte und Webereidörfer nach Sachsens Hauptstadt
Dresden. Und David lernte die Stadt kennen, die, malerisch

Dresden

an der Elbe gelegen, einen Ruf als Kunststadt in der ganzen
Welt hat. „Was für Leipzig das Buch, ist für Dresden die
Geisteskultur" hatte Frau Winterstein David auf der Fahrt
erklärt; „denn hier ist der älteste Sitz höfischer Kultur im Osten
Deutschlands. In Dresden wurde das erste feste Schauspiel=
haus erbaut, und hier wurde um die Sixtinische Madonna
Raffaels eine der besten Gemäldegalerien aufgebaut."

In der Tat konnte David überall trotz des modernen
Industriebetriebs und der Geschäftshast jenen kunstliebenden
Zug entdecken, der in den pompösen Barockbauten, in den
Galerien und Gebäuden der Stadt zum Ausdruck kam. Jenen
kunstliebenden Geist, den ihr der König August der Starke

verliehen, hatte die Stadt bis auf den heutigen Tag getreulich bewahrt. Das verspürte er auch, als er abends in dem festlichen Raum der Staatsoper saß und den Klängen von Richard Strauß' Meisterwerk lauschte.

VII. Auf dem Soziussitz

Man schrieb den 28. Februar, stellte David eines Tages entsetzt fest. Wo waren bloß die zwei letzten Monate geblieben? Kaum daß er Anfang Januar aus Chemnitz nach Jena zurückgekehrt war, hatte ihn eine Flut von Vergnügen umfangen. Da gab es offizielle Bälle und Kostümfeste, Maskenbälle, Tanztees und allerlei Einladungen, denen er umso lieber gefolgt war, als er dadurch tief in deutsches Leben hineingeschaut und deutsches Wesen kennengelernt hatte. Daß dabei die Studien zu kurz gekommen waren, was tat's?

       „In Jene lebt sich's bene"

trällerte er vergnügt vor sich hin in Erinnerung an die vergangene überaus lustige Zeit und er nahm sich vor, die Arbeit der zwei letzten Monate nachzuholen.

Nun zog der Frühling langsam ein. Schüchtern wagte sich die Sonne heraus und verdrängte die letzten Überbleibsel des Winters. „Nun werden wohl sicher unsre geplanten Motorradfahrten beginnen können," dachte David bei sich und schob zunächst mal die Gedanken an Arbeit zurück. Und tatsächlich kam prompt am nächsten Tage einer seiner Studienfreunde, Klaus Neumann, aus Kiel gebürtig, auf seine „Bude", um ihm für das nächste Wochenende einen Ausflug nach Weimar vorzuschlagen, denn

      „Wer den Dichter will verstehen,
        Muß in Dichters Lande gehen."

„Aber ich war doch schon in Weimar," protestierte David.

„In Weimar, dem Boden, auf dem das geistige Deutschland geformt wurde, kann man nicht oft genug gewesen sein," lautete die Entgegnung.

So saßen denn die beiden jungen Freunde am nächsten Sonnabend mittag auf dem Motorrade; sein Freund steuerte es, David selbst saß auf dem Soziussitz, und sie fuhren nach dem nur einen Steinwurf von Jena entfernten Weimar. Und wieder ging David durch diese kleine Musenstadt, die um 1800 herum Mittelpunkt des geistigen Schaffens Deutschlands gewesen war, das in seiner Wirkung sich nicht auf Deutschland allein erstreckte, sondern die ganze Welt erfüllte. So schritten

Goethe-Haus, Weimar

die beiden jungen Studenten durch die engen Straßen und besichtigten das imposante Goethe-Haus und das ärmliche Schiller-Haus, das Theater mit dem davorstehenden Denkmal der beiden Geistesgrößen, die Schlösser und Parks der Stadt. In ihrem Zwiegespräch fielen dauernd die Namen der Großen jener Tage, Goethes und Schillers, Herders und Wielands, aber auch des klugen, geistvollen Herzogs, der verstehenden Herzogin-Mutter und der unvergeßlichen Frau von Stein.

Anschließend daran fuhr Klaus Neumann seinen englischen Kameraden nach dem nahen Ilmenau; von da bestiegen sie den Kickelhahn, jenen Berg, den Goethe besonders liebte und wohin er aus Weimars Unrast floh, wenn ihn Welt und Menschen belästigten und er Ruhe haben wollte, allwo er auch an einem Septemberabend angesichts der sinkenden Sonne und der dunklen Wälder ein schlichtes und doch so ergreifendes Nachtlied dichtete:

> „Über allen Gipfeln
> Ist Ruh,
> In allen Wipfeln
> Spürest du
> Kaum einen Hauch;
> Die Vögelein schweigen im Walde.
> Warte nur, balde
> Ruhest du auch."

Über das nahe Erfurt, die ehemalige Universitätsstadt, in der Luther seine Studien begonnen hatte, ging es nach Eisenach, an dessen Rande die Wartburg sich erhebt, auf der Luther die Bibel übersetzte. An einem andern schönen Sonntag fuhren sie nach Coburg, der Stadt der Herzöge, deren einer als Gemahl der Königin Victoria Stammvater des jetzigen englischen Königshauses wurde. Von da nach dem benachbarten, in Grün gebetteten Meiningen, gleichfalls einer alten Residenzstadt deutscher Herzöge, die im Vorkriegsdeutschland sich große Verdienste um die Musik erworben hatte. „Die Meininger Kapelle gehörte mit der Dresdner zu den besten Deutschlands," erläuterte ihm Klaus Neumann.

Die Besichtigung Bayreuths, der Stadt Richard Wagners, war einem der nächsten Wochenendausflüge vorbehalten, und mit regem Interesse betrat David das Festspielhaus und warf einen Blick auf die Villa „Wahnfried", den Sitz Richard Wagners. Von Bayreuth fuhren sie weiter nach Nürnberg, der Stadt der deutschen Kunst, in der Albrecht Dürer und Hans Sachs gewirkt und gelebt hatten und deren Straßen und Häuser, Denkmäler und Gebäude ein beredtes Zeugnis ablegen für deutsches Kunstschaffen in den vergangenen

Jahrhunderten. Voller Intereſſe nahm David auch die modernen Bauten in Augenſchein, die das national=ſoziali= ſtiſche Deutſchland in Nürnberg, der Stadt ihrer Parteitage, aufführen läßt.

Die milde Frühlingsluft lockte beſtändig, und die beiden jungen Studenten konnten der Lockung nicht widerſtehen; ſo ging es zur Abwechſlung mal nach Norden, nach Wittenberg, der Stadt der Reformation, und dem benachbarten Deſſau,

Nürnberg: Laufertormauer

zur Zeit der anhaltiniſchen Herzöge ein Mittelpunkt der Kunſt, heute ein Induſtriezentrum, in dem die Junkerswerke ihre berühmten Paſſagierflugzeuge bauen. In Deſſau ſahen ſie die dunklen Silhouetten des Harz am Himmel ſich abheben.

„In den Harz möchte ich zu gerne einmal,“ ſagte David zu ſeinem Kameraden, „ich weiß, daß unſre berühmten Dichter Wordsworth und Coleridge da längere Zeit gelebt und den Harz oft durchwandert haben. Auch ſonſt hörte ich hier und da, daß meine Landsleute in den Harz fahren, wenn ſie erſt einmal in Deutſchland ſind.“

"Schön. Aber das wollen wir nicht im Hetztempo erledigen, dazu wollen wir ein anderes Wochenende nehmen und wir machen dann gleich einen Abstecher nach Braunschweig."

An einem schönen Junitage sausten die beiden auf ihrem Motorrade durch die Gegend. Nordwärts zeigte die Richtung, bis sie an den Rand des Harzes kamen, um in einer Fuß=wanderung auf seinen höchsten Gipfel, den Brocken, zu klimmen. Die dunklen Tannenwälder erinnerten David an

Der Brocken

den Schwarzwald, während die zusammenhängenden Laub=wälder ihm etwas Neues waren. „Deutschland im Sommer ist die Vollendung des Schönen" — an dieses Wort von Mark Twain mußte er denken, als er die Schönheiten des Harzes genoß. Von Goslar, der alten Kaiserstadt, (die heute die Stadt des deutschen Bauern ist), fuhr sie ihr schnelles Motor=rad nach Braunschweig, der Stadt der Welfen. In Goslar wie in Braunschweig sahen die beiden jungen Studenten

Prachtwerke an alten Häusern mit auserlesenen Fassaden und malerischen Giebeln.

Es waren herrliche Fahrten, auf denen David „das Herz Deutschlands" kennenlernte und auf denen ihm bewußt wurde, daß es nicht nur das Land der Romantik, sondern auch mit seinen zahlreichen ehemaligen Residenzen die Heimat der Geistigkeit ist.

VIII. Auf den Spuren der Alten Hansa

An einem Sommermorgen ganz früh wachte David auf. Er hatte geträumt, er sei in Kiel. Wie kam er bloß darauf? Er rieb sich die Augen, richtete sich etwas auf, rieb sich noch einmal kräftiger die Augen. Nein, er hatte nicht geträumt, er war tatsächlich in Kiel. Er war ja in Klaus Neumanns Zimmer, da drüben schlief er selbst noch den Schlaf des Gerechten. Beruhigt legte sich David wieder zurück, aber an Schlaf war nicht mehr zu denken. Er träumte nunmehr mit offenen Augen weiter. Im Fluge zogen die letzten Wochen an seinem geistigen Auge vorbei: der Abschied von Jena, als das Sommersemester beendet war, die letzten Abende des Zusammenseins mit den alten Freunden und Studiengenossen, Lebewohlsagen und Abschiednehmen. Ob er sie je wiedersehen würde? Feine Kerle waren unter ihnen gewesen, die er nie vergessen würde. Aber nach Jena würde er später auf alle Fälle mal zurückkehren, und sei er noch so alt.

Dann waren die beiden unzertrennlichen Motorradfahrer losgefahren, „das deutsch-englische Rennfahrerpaar", wie man die beiden spöttisch in ihrem Bekanntenkreis oft genannt hatte. Durch die märkische Heide, die sie in ihrer ganzen Ausdehnung von Süd nach Nord durchquerten, waren sie über Berlin nach Stettin gefahren, und David hatte Deutschlands größten Ostseehafen kennengelernt. Greifswald war die nächste Etappe gewesen, eine kleine, verschlafene Universitätsstadt, ohne Reize, ohne Zauber, ohne all das, was ihm Jena so lieb und teuer gemacht hatte. Nein, hier hätte er nie studieren mögen. Dann war Stralsund gekommen, die alte Festungsstadt am

Meere, die Wallenstein im Dreißigjährigen Kriege unter allen Umständen erobern wollte, „und wäre sie mit Ketten an den Himmel geschmiedet". Aber er bekam sie nicht, die Protestanten im Bunde mit den Schweden waren tüchtiger. Was David aber da besonders gefallen hatte, war eine gotische Kirche mit Pfeilern und Türmen von einer Wucht und Stärke,

Mecklenburger Fischerboot

als sollte es eine Festung sein, und dieses wuchtige Gebäude ließ etwas ahnen von den wetterharten, trotzigen norddeutschen Männern, die sich im Mittelalter hier auf slawischem Boden festgesetzt hatten. Er mußte es immer wieder mit einer gotischen Kirche in Süddeutschland vergleichen, die mit ihrem graziösen, prunkhaften Beiwerk und Schmuck ihn so oft entzückt hatte. Da hatte er gleich handgreiflich den

Unterſchied zwiſchen Nord und Süd. Roſtock hieß die nächſte
Etappe, ehemalige Reſidenz der mecklenburgiſchen Groß=
herzöge. David fühlte ſich in den mecklenburgiſchen Fiſcher=
dörfern ganz heimiſch. Da ſie die Hälfte des Weges bereits
hinter ſich hatten, hatten die beiden Rekordfahrer ein paar
Ruhetage eingelegt, die ſie in Roſtocks bekanntem Seebade,
in Warnemünde, verbrachten.

„Was dem Londoner Brighton und Bournemouth, was
dem Pariſer Trouville und Deauville iſt, iſt dem Berliner

Lübeck, die Hanſeſtadt an der Oſtſee

Heringsdorf und Warnemünde,“ hatte ihm Klaus Neumann
geſagt. Mit Baden, Spielen am Strande, Liegen im Sande
und Spaziergängen zur Mole waren die kurzen Tage allzu=
ſchnell vergangen. Abends hatten ſie beide regelmäßig ge=
tanzt. Ach, es war ſchön geweſen in Warnemünde, ſeufzte
David leiſe vor ſich hin. Wismar war die nächſte Station gewe=
ſen; dann kam Lübeck, eine der drei Königinnen der Hanſa.

„Hamburg, Lübeck, Bremen,
Brauchen ſich nicht zu ſchämen.“

Da hatte er von dem Hanſegeiſt mehr erfahren, am meiſten allerdings durch die langatmigen Vorträge von Klaus Neumanns Vater, der Geſchichtsprofeſſor war und ihm von der weltumſpannenden Macht erzählte, die die Hanſa jahrhundertelang ausgeübt hatte. Kaiſer und Könige hatte ſie auf ihre Knie gezwungen, und mit beſonderem Triumph hatte ihm der etwas pedantiſche Profeſſor erzählt, daß ſie einſt den

Die Kieler Förde

engliſchen König Heinrich VI. dadurch geärgert hatten, daß ſie ihm nicht in lateiniſcher Sprache ſchrieben, wie es damals üblich war, ſondern in deutſcher.

„Hilf dir ſelber, ſo hilft dir Gott" war der Wahlſpruch der alten Hanſekaufleute, die noch einen Spruch geprägt hatten, den er in der Wohnung der Neumanns gefunden hatte:

„Solange die Welt ſteht,
　Handel und Schiffahrt nicht untergeht."

Hätte das nicht ebenſogut in einem engliſchen Hauſe ſtehen können? Natürlich, es waren ja Sachſen, von dem=

selben Fleisch und Blut wie auch seine Landsleute auf der Insel.

Und schließlich waren sie in Kiel gelandet, aufs freund= schaftlichste war er hier aufgenommen worden. Die Stadt atmete so ganz und gar Seemannsgeist, wie man es ja von Deutschlands größtem Kriegshafen erwarten mußte; er kam sich immer vor, als wäre er in Portsmouth, wenn er durch Kiels Straßen ging. Die Kieler Förde hatte ihm besonders gut gefallen. Alljährlich fanden hier die großen weltbekannten Segelregatten statt, zu denen die Völker der ganzen Welt ihre Vertreter entsandten.

„Freuen Sie sich schon auf unsre heutige Segelfahrt?" fragte plötzlich Klaus Neumann, der inzwischen aufgewacht war. David schrak zusammen, der Traum war aus.

„Mensch, haben Sie lange geschlafen! Ich bin schon eine Ewigkeit wach" sagte er.

„Da haben Sie wohl an die hübschen Mädels gedacht, mit denen Sie in Warnemünde getanzt haben? Wie?" fragte lächelnd sein Zimmergenosse.

„Nein, ich habe die Fahrten der letzten Wochen vor meinem Auge vorüberziehen lassen."

„Wer's glaubt, wird selig. Doch nun auf! Der ‚alte Herr' wartet sicher schon auf uns."

IX. In der Schmiede Deutschlands

Wir tragen alle ein Licht durch die Nacht
unter Tag.
Wir träumen von unerschöpflicher Pracht
über Tag.
Wir helfen ein Werk tun, ist keins ihm gleich;
Glückauf!
Wir machen das Erdreich zum Himmelreich;
Glückauf!
Einst fiel alles Leben vom Himmel herab,
über Tag.

Wir fördern's herauf das tote Gestein,
        Glückauf!
Wir machen's wieder zu Sonnenschein;
        Glückauf!
Auf Erden ist immerfort jüngstes Gericht,
        unter Tag.
Aus Schutt wird Feuer, wird Wärme, wird Licht,
        über Tag.
Wir schlagen aus jeglicher Schlacke noch Glut,.
        Glückauf!
Wir ruhen erst, wenn Gottes Tagewerk ruht;
        Glückauf!

                      (Richard Dehmel)

In der Diele der Wohnung des Bergwerkdirektors Neumann, eines Bruders des Kieler Professors, sah David Hayes dieses Gedicht im Rahmen hängen. Er befand sich in der Familie begeisterter Bergwerksindustriellen, das hörte er schon nach wenigen Augenblicken heraus.

„Was das Schönste in deutschen Landen ist, darüber läßt sich streiten. Oder können Sie mir eine Antwort darauf geben, nachdem Sie Deutschland kreuz und quer bereist haben?" fragte Herr Neumann.

„Nein? Das wundert mich nicht. Ich aber kann Ihnen sagen, was das Erhabenste, Gewaltigste ist. Das ist dieses Land, in dem wir leben und arbeiten, das Ruhrgebiet. Es ist eine einzige Stadt, die sich vom Herzen Westfalens bis zur Grenze Hollands hinzieht, eine Stadt, gegen die Ihr großes London klein ist. Und noch immer wächst sie, wächst und verschlingt Felder und dehnt sich ins Unabsehbare."

„Ich beneide Sie um Ihre Begeisterungsfähigkeit," erwiderte David, „ich sehe nur, daß es hier kein Plätzchen der Ruhe gibt, keinen Raum für heiteren Lebensgenuß. Beklemmend legt sich auf mich die Eintönigkeit der Fabrikgebäude, das Einerlei der Arbeiterkolonien, die Unruhe und Hast; es ist doch alles genau so wie bei uns im ‚Schwarzen Land'. Und was mich am meisten abstößt, Herr Neumann, hier sagt

jeder Stein, daß der Menſch ein Nichts iſt, eine Null. Iſt das
etwa erhebend?"

„Nein, aber erhebend iſt das, was als Ergebnis des Zuſam=
menwirkens von Menſch und Raum hier entſtanden iſt. Sehen
Sie, Eſſen hatte 1850 noch 6000 Einwohner, heute hat es mehr
als 650000; von den andern Städten könnte ich Ihnen
ähnliche Zahlen bieten. Es iſt die Kohle, die uns ſo groß und

Nicht nur Kanonen, ſondern auch Landmaſchinen
(bei Krupp)

ſtark gemacht hat. Sie wiſſen doch, daß hier in unſerm Bezirk
mehr als 300000 Menſchen beſchäftigt ſind, die allein im
Kohlenbergbau arbeiten? Auf 300 Milliarden Tonnen wer=
den Deutſchlands Kohlenvorkommen geſchätzt. Nach der
Kohle iſt es das Eiſen, das uns groß gemacht hat. Der Name
Krupp ſagt ſelbſt Ihnen als Ausländer wohl genug. Er beſagt
ſo viel, wie der Name der Stadt Eſſen, denn unſre Stadt war
und iſt die Stadt Krupps. Und um Eſſen herum gruppiert
ſich ein Kranz bedeutender Induſtrieſtädte: reine Kohlen=

städte wie Bochum und Gelsenkirchen. Duisburg=Hamborn mit dem größten Flußhafen Europas; Solingen, das deutsche Sheffield, und Remscheid, das deutsche Birmingham. Etwas weiter abseits liegen die beiden Städte Elberfeld=Barmen, heute Wuppertal genannt, der Sitz der deutschen Kunstseiden= industrie, und jenseits des Rheins haben Sie Krefeld, das deutsche Lyon. Sehen Sie, wenn ich durch das Ruhrgebiet fahre und betrachte mir die stolzen Bauten aus Stahl und Eisen, die riesenhaften Hallen und Gebäude, die mächtigen Eisenbahnbauten und gewaltigen Kräne und zwischendurch die Hochöfen und Stahltürme, dann schlägt mein Herz lauter, und ich bin stolz darauf, zu denen zu gehören, die für ihren kleinen Teil dazu beitragen können, Deutschlands Namen in die große Welt hinauszutragen. Gerade Sie als Engländer müßten doch diese Begeisterung verstehen können!"

„Das tue ich auch, aber ich kann mich hier nicht wohl fühlen."

„Aber das wird Sie hoffentlich nicht abhalten, mit mir einen Spaziergang in die Stadt zu machen, ich zeige Ihnen auch Interessantes." Mit diesen Worten nahm der Fabrikdirektor seinen Gast unter den Arm, führte ihn durch die Hauptstraßen Essens und fuhr mit ihm schließlich in die Fabrik, wo er ihm die neuesten technischen Errungenschaften des neuen Stahl= werks zeigte.

Abschied

Das Flaggschiff der Hamburg=Amerika=Linie, die „New York", verläßt den Hafen von Hamburg. Von der Fülle der Passa= giere hat sich ein junger Mensch abgesondert. Sein Blick geht nicht seewärts in Fahrtrichtung wie der der anderen Passa= giere, sondern nach rückwärts. Kleidung, Auftreten, die kurze Pfeife im Munde verraten ihn als Engländer. Es ist unser Freund David Hayes. Die Abschiedsstunde hat geschlagen. Wieder will er wie beim ersten Male zu Schiff in die Heimat zurückkehren; diesmal von Hamburg aus, das er auf der Fahrt von Kiel nach Essen flüchtig berührt hatte.

Nun umfaßt sein Blick noch einmal Hamburg, die Königin der Elbe, in der alle Kraft, alles Können Niederdeutschlands gewissermaßen zusammengefaßt ist.

„Aller Wasser König ist der Rhein, die Donau soll seine Gemahlin sein" hatte er am Rhein gehört. Hier dagegen sagte man ihm, daß der Rhein wohl Deutschlands schönster Strom sei, die Niederelbe dagegen der ausdrucksreichste Strom. Der Ruhm des Rheins kann nur sinken, der der Elbe dagegen nur steigen. Er hatte es in den wenigen Tagen, da er in

Hamburg, die Königin der Elbe

dieser Stadt, der zweiten Deutschlands, geweilt hatte, bald empfunden, daß dieses Wort die Tatsachen richtig wieder= gab....Und nun überschaute er noch einmal diese Weltstadt, die das Gesicht zum offenen Meere hingerichtet hat, zu der weiten Welt, die Stadt, in der das Hauptbuch und die Faktura alle anderen Interessen nahezu verdrängt und den Musen nur ein bescheidenes Plätzchen gewährt haben.

Mehr und mehr treten die Türme und großen Gebäude Hamburgs zurück, Davids Blick gleitet noch einmal über sie hinweg, verliert sich in der Weite und umfaßt noch einmal in Gedanken alles, was er in den zwei Semestern gesehen und erlebt hat: die Ebenen und Täler, die Hügel und Berge, die Heide und die Seen, die Wälder und Ströme, die Bäche und Wasserfälle. Ein kleines Land zwar, das mit seinen 472 000 qkm (Quadratkilometern) nur 1/5 des Raumes von Europa bedeckt, und doch welches Vielerlei an völkischen Erscheinungen! Da gibt es nicht einen Mittelpunkt wie in Frankreich, von dem aus alles Leben im ganzen Lande bestimmt wird, es gibt deren unzählige. Wohl hat er sie in seiner Erinnerung aufbewahrt, die Städte, die er gesehen und die eine bedeutsame Rolle spielen: München und Dresden, die beiden Stätten der Kunst, Bayreuth und Meiningen, die Tempel der Musik, und Weimar, die Musenstadt; Heidelberg und Jena, die beiden alten Universitätsstädte, Erfurt und Wittenberg, die Reformationsorte, dazu Potsdam, das Symbol preußisch-deutscher Macht; Leipzig, die bekannte Handelsstadt, und Essen, das vom Hammerschlag deutscher Arbeit erzählt, schließlich die Königin der Hansestädte, Hamburg, das Tor der Welt, wie es sich selbstbewußt nennt. Sie alle werden, darauf hatte man ihn wiederholt hingewiesen, von der Reichshauptstadt nicht erdrückt, sondern sie führen ein bedeutsames Eigenleben, wovon er sich hatte überzeugen können.

Wie war dieses verhältnismäßig kleine Gebiet auch übersät mit Erinnerungsstätten deutscher Größe! Allenthalben hatte man ihn auf Reisen darauf hingewiesen, daß er sich auf einem Fleckchen Erde befand, das eine Weihestätte deutschen Geistes oder deutschen Heldentums war.

Und er gedachte weiter der vielen Menschen, die er getroffen, eine große Anzahl zog noch einmal vorüber mit all ihrer Verschiedenheit und ihren Temperamentsunterschieden, der kühle Norddeutsche mit seinem Ernst und seiner Beharrlichkeit, seiner Steifheit und Härte, seiner Festigkeit und seinem Pflichtgefühl; andrerseits der Süddeutsche mit seinem sprühenden Feuer und seiner Lebendigkeit, seinem Temperament und erfrischendem Leben, seinem Sinn für feineren Lebensgenuß und laute Freude.

Nehmt alles nur in einem: es war eine einzige Freude,

dachte David vor sich hin. Glücklich, diese Reise unternommen
zu haben, voller Befriedigung über den Erfolg drehte er sich
um und schritt mit langen, entschlossenen Schritten auf dem
Deck entlang und sang ein Lied vor sich hin, das er oft auf
seinen Wanderfahrten in Thüringens Bergen mit seinen
Kameraden gesungen hatte:

1. Wem Gott will rech - te Gunst er - wei - sen, den
schickt er in die wei - te Welt; dem
will er sei - ne Wun - der wei - sen in
Berg und Wald und Strom und Feld.

EXERCISES

(To be written in German)

1. Explain the difference of character between the Prussian and the South German.

2. Describe the position and importance of (*a*) Hamburg and (*b*) Kiel.

3. An English friend tells you he is going to Jena for a month and asks you where he should go and what he should see. Write the ensuing conversation in dialogue form.

4. A German visiting England is struck by the difference between our way of keeping Christmas and theirs. Compose a letter from him to a friend in Germany.

5. Draw a sketch-map of the Ruhr Valley. Underneath it, write a list of the most important towns, with a sentence or two about each.

6. Describe a day spent at a North Sea coast resort in summer.

Wörterverzeichnis

Weak verbs are shown by (w.), (ſich, w.), (ſein, w.).

Separable verbs are shown thus: ab'fahren.

The principal parts of regular strong verbs are indicated by the vowel-changes only: graben (ä, u, a) indicates graben, gräbt, grub, hat gegraben; conjugation with ſein is shown thus ſpringen (i, a, iſt u).

The declension of nouns is indicated by giving the gender and the plural change only, except in the weak and mixed declensions, when the genitive ending is also given; hence we have Mann m. (⸚er) but Gatte m. (-n/n). The vocabulary covers only those meanings of words applicable to the text.

ab'geben (i, a, e) den Führer a. to play the guide

abgeſehen (von) apart (from)

ab'halten (ä, ie, a) to prevent

ab'heben (ſich e, o, o) to stand out

Abkürzung f. (-en) abbreviation

Ablauf m. (⸚e) expiration, end

ab'legen (w.) to put down; Zeugnis a. bear witness

Abſchied (-e) leave, parting; A. nehmen to say good-bye

Abſchiedslied n. (-er) song of farewell

Abſchiedsſtunde f. (-n) hour of parting

ab'ſchließen (ie, o, o) to conclude

abſeits off the track, away

Abſicht f. (-en) purpose

Abſolutismus m. absolutism

ab'ſondern (w.) to separate

ab'ſtechen (i, a, o) to contrast

Abſtecher m. (—) digression, excursion

ab'ſtoßen (ö, ie, o) to repel, displease

Abteil m. or n. (-e) compartment

Abwechſlung f. (-en) variety

abwechſlungsreich varied

achten (w.) to pay attention, take care

Adler m. (—) eagle

ahnen (w.) to have an idea; a. laſſen to give an idea

allenthalben in all quarters, every here and there

allgemein universal, general

alljährlich annual

allwo = wo where

altbemooſt covered with old moss, mossy

Amt n. (⸚er) office

an und für ſich in itself, as such

ändern (w.) to alter, change

an'deuten (w.) to suggest, hint

andrerſeits on the other hand

Anerkennung f. (-en) recognition

Anfertigung f. (-en) manufacture

angebunden tethered; kurz a. blunt

angenehm pleasant

angeſichts in view of

angrenzend adjacent

an'halten (ä, ie, a) to last

anhaltiniſch of Anhalt

Ankunft f. (⸚e) arrival

an'langen (sein, w.) to arrive

an'legen (w.) to lay out

anmaßend arrogant

Anmut f. grace

anmutig graceful

an'nehmen (i, a, o) to accept; sich a. with gen., to take an interest in

anregend stimulating

Anregung f. (–en) stimulus, initiative

anschließend (an etwas) in connection (with)

Anschluß m. (⸚e) connection, friends; voller A. plenty of friends

Anspruch m. (⸚e) claim; in A. nehmen to claim

Ansturm m. (⸚e) attack, assault

Anteil m. (–e) share

an'vertrauen (w.) to confide

anziehend attractive

Arbeiterkolonie f. (–n) workmen's quarter

Armut f. poverty

asphaltiert asphalted

Aufbau m. (–e) building, structure

auf'bewahren (w.) to keep, retain, preserve

auf'drücken (w.) to impress

aufeinander on top of each other

Aufenthalt m. (–e) visit, stay

auf'fallen (ä, ie, ist a) to strike

auf'führen (w.) to erect, construct

auf'gehen (geht auf, ging auf, ist aufgegangen) to be merged

aufmerksam attentive

auf'nehmen (i, a, o) to receive, accept; er nimmt es mit jedem auf he is a match for any one

Aufopferung f. (–en) sacrifice

auf'richten (sich, w.) to stand up, arise

Aufschluß m. (⸚e) explanation, information

auf'tragen (ä, u, a) to serve (a meal)

Auftreten n. demeanour

auf'wachen (w.) to awake

auf'weisen (ei, ie, ie) to show

Augenschein m. appearance; in A. nehmen to see for oneself

August der Starke (1670–1733) Elector of Saxony and King of Poland

Ausdauer f. endurance, perseverance

aus'dehnen (w.) to extend

Ausdehnung f. (–en) extent

Ausdruck m. (⸚e) expression

ausdrucksreich expressive

auserlesen exquisite

aus'führen (w.) to carry out

ausgelassen exuberant

ausgenommen excepted

ausgesprochen pronounced

ausgestattet furnished, equipped

ausgezeichnet distinguished, excellent

aus'gleichen (ei, i, i) to compensate, make up for

Auskunft f. (⸚e) information

Ausnahme f. (–n) exception

ausnahmslos without exception

aus'richten (w.) to put in line

aus'ruhen (sich, w.) to rest

Auswuchs m. (⸚e) excrescence, excess

Autobus m. (–sses/sse) motor-bus

Autofahrt f. (–en) drive (in a car)

Autoindustrie f. motor industry

Autorennen n. (—) motor race

Autounion f. celebrated firm of motor engineers

Barockbau m. (–s/e or –ten) baroque building

Bau m. (–s/e or –ten) building

bauen (w.) to build, cultivate

Bauer m. (–n/n) peasant, farmer

bäuerlich of the peasantry, peasant

Bauerngut n. (–er) farm

bauschen (sich, w.) to swell

Bayern n. Bavaria

beachten (w.) to heed, pay attention to

Beamte, Beamter m. (decl. as adj.) official

bedienen (w.) to serve

bedeutsam significant

Bedeutung f. (–en) meaning, significance, importance

bedeutungsvoll significant, instructive

Bedürfnis n. (–sses/sse) want, requirement

bedürfnislos thrifty

Bedürfnislosigkeit f. thrift

beenden (w.) to end

begeistern (w.) to inspire

Begeisterung f. (–en) inspiration, enthusiasm

Begeisterungsfähigkeit f. capacity for enthusiasm

begleiten (w.) to accompany

begraben (ä, u, a) to bury

begrenzen (w.) to bound, limit

begünstigen (w.) to favour

behaglich comfortable

behängen (ä, i, a) to hang, cover

Beharrlichkeit f. endurance, perseverance

beisammen together

bei'tragen (ä, u, a) to contribute

Beiwerk n. accessories, decoration

Bekanntenkreis m. (–e) circle of acquaintances

bekannt'machen (w.) to make acquainted

Bekanntschaft f. (–en) acquaintance

Bekleidungsbedarf m. clothing

beklemmend oppressive, depressing

belästigen (w.) to trouble

Bemerkung f. (–en) observation

benachbart neighbouring

benützen (w.) to use

beobachten (w.) to observe

Beobachtung f. (–en) observation

beredt eloquent

Bereich m. (–e) reach, range

bereisen (w.) to travel (through)

bereiten (w.) to prepare, cook

bereits already

bereuen (w.) to repent

bergen (i, a, o) to cover; die Ernte b. to bring the harvest home

Bergwerkdirektor m. (–s/en) colliery manager

Bergwerksindustrielle m. pl. coal-owners

Bericht m. (–e) report, account

berühmt celebrated, famous

berühren (w.) to touch

besagen (w.) to mean

beschäftigen (w.) to occupy

bescheiden modest

bescheren (w.) to give, especially of Christmas presents

besetzt occupied, engaged

besichtigen (w.) to inspect, see, view

Besichtigung f. (–en) inspection

besiedelt colonized, inhabited, populated

Besitzer m. (—) owner

Besitzverhältnis n. (–sses/sse) state of ownership; wie ist es mit den Besitzverhältnissen? how is the land owned?

Besitzverteilung f. (–en) distribution of property

besonder particular, especial

besorgen (w.) to procure

beständig constant

besteigen (ei, ie, ie) to climb, go on board

bestellen (w.) to cultivate, till

bestimmt definite, clear, certain

bestreiten (ei, i, i) to contest

beten (w.) to pray

Betonung f. (–en) emphasis

betreiben (ei, ie, ie) to drive, work

Betrieb m. (–e) factory, works

betriebsam busy

betten (w.) to put to bed; auf Rosen gebettet on a bed of roses; in Grün gebettet nestling among green trees (or meadows)

beugen (sich, w.) to bow, yield

Bevölkerung f. (–en) population

bewahren (w.) to keep, protect

Bewegung f. (–en) movement

Bewirtschaftung f. (–en) management

Bewohner m. (—) inhabitant

bewundern (w.) to admire

bewußt conscious; sich b. sein to be conscious

Bewußtsein n. consciousness

bezeichnen (w.) to mark, characterize; bezeichnend characteristic

Bezirk m. (–e) district

Bezug m. (⸚e) reference, relation

Bibel f. (–n) Bible

bieten (ie, o, o) to offer

Bildung f. (–en) formation, culture

Binnenverkehr m. inland trade or communication

Bissen m. (—) morsel

bloß (adv.) only

blühen (w.) to flourish

Bodenschatz m. (⸚e) (in pl.) mineral wealth

Bodenverhältnis n. (–sses/sse) soil conditions

bohren (w.) to bore, search, penetrate

braten (ä, ie, a) to roast, fry

Braunkohle f. (–n) brown coal

Braunkohlenlager n. (—) seam of brown coal

Braunschweig n. Brunswick

Brille f. (–n) spectacles

Brühe f. (–n) broth, soup

Bude f. (–n) booth, room

bunt many-coloured, gay

Burg f. (–en) castle

Café n. (–s/s) café, restaurant

Champagner m. champagne

Charakter m. (–e) character

Christbaum m. (⸚e) Christmas-tree

Dampfer m. (—) steamer

danach thereafter

daneben besides, moreover

Dankgebet n. (–e) grace after meals

dannen; von d. thence, away

daran; es liegt d. it is due to the fact (that)

daraufhin consequently

dauernd lasting, permanent

davor in front of it

Degen m. (—) sword

Denkmal n. (⸚er) monument

Denkungsart f. (–en) habit of thought, way of thinking

denn than

derb hard or coarse (of diet), Spartan

Derbheit f. hardness
Dichte f. density
Diele f. (–n) entrance-hall
Donau f. Danube
Doppelfenster n. (—) double window
drängen (w.) to press
dreißigjährig of thirty years; der Dreißigjährige Krieg Thirty Years' War
Drill m. drill
droben up there
Droschkenkutscher m. (—) cabby
dünn thin, rare
Durchblick m. (–e) vista, perspective
durcheilen (w.) to hurry through
Durcheinander n. medley, confusion
durchqueren (w.) to cross
Durchschnitt m. (–e) average
durchschnittlich on the average
durch'setzen (sich, w.) to make good
durchwandern (w.) to walk through
Dürer, Albrecht (1471–1528) painter and engraver. In his work mediaeval German art reached its highest point
dürftig needy

Ebene f. (–n) plain
ehemalig former
ehren (w.) to honour
eifrig zealous, keen
eigen own, characteristic
Eigenleben n. individual life
eigentlich properly
ein'bescheren (sich, w.) to give each other presents
Eindruck m. (¨e) impression
Einerlei n. sameness
Einfluß m. (¨e) influence

einher'brausen (w.) to roar, rush along
einher'fahren (ä, u, ist a) to travel along
Einladung f. (–en) invitation
ein'legen (w.) to insert
ein'nehmen (i, a, o) to eat
ein'rechnen (w.) to include
ein'setzen (w.) to set in
einstöckig one-storied
eintönig monotonous
Eintönigkeit monotony
ein'treten (i, a, ist e) to enter
ein'wenden (w.) to object
ein'wirken (w.) to affect, influence
Eisenbahnbau m. (–ten) railway construction
Eiszapfen m. (—) icicle
eitel sheer
elektrisch electric
Elektrizität f. electricity
Eleve m. (–n/n) pupil
empfinden (i, a, u) to feel
empfindlich severe, sensitive
entdecken (w.) to discover
entfernt distant
entgegnen (w.) to answer
Entgegnung f. (–en) answer
entscheidend decisive
entsetzt horrified
entstehen (entstand, ist entstanden) to arise
Entwicklung f. (–en) development
entzücken (w.) to charm
erbauen (w.) to build, found
erblicken (w.) to catch sight of, see
Erdreich n. earth
erdrücken (w.) to crush
ererbt inherited
erfreuen (w.) to make glad; sich e. to enjoy
erfüllen (w.) to fill, fulfil
Ergebnis n. (–sses/sse) result, product, yield

ergreifend moving, affecting

erhaben sublime

erhalten (ä, ie, a) to receive, maintain; sich e. to hold fast

erheben (e, o, o) to raise; sich e. to rise

erhebend uplifting, inspiring

erhöhen to raise, enhance

Erinnerung f. (-en) memory

erklären (w.) to explain, declare

erkundigen (sich, w.) to enquire

erläutern (w.) to explain

Erlebnis n. (-sses/sse) experience

erledigen (w.) to settle, "do"

erlernen (w.) to learn

Ernte f. (-n) harvest

erobern (w.) to conquer

erraten (ä, ie, a) to guess

errichten (w.) to erect, establish

Errungenschaft f. (-en) achievement

erscheinen (ei, ie, ist ie) to appear

Erscheinung f. (-en) appearance

erst first; wenn sie e. einmal da sind once they have got there

erstrahlen (w.) to shine forth

erstrecken (sich, w.) to extend

erstritten (mühsam) hard-won

Ertrag m. (¨e) yield

erwähnen (w.) to mention

erwerben (i, a, o) to earn, acquire

erwidern (w.) to answer, return

erziehen (erzieht, erzog, erzogen) to educate

Erziehungswert n. educative work

erzielen (w.) to achieve

Etappe f. (-n) stage

etwa perchance

Evangelium n. (-iums/ien) gospel

Ewigkeit f. eternity

Fabrik f. (-en) factory

Fabrikation f. (-en) manufacture

Fabrikdirektor m. (-s/en) factory manager

Fabrikgebäude n. (—) factory, works

Fahrgast m. (¨e) passenger

Fahrtrichtung f. (-en) direction of travel; in der F. facing forward

Faktura f. (-ren) invoice

Fall m. (¨e) fall, case; auf alle Fälle in any case, at all costs

Fassade f. (-n) façade, front

Feiertag m. (-e) festival, holiday

feindlich hostile

Feldmarschall m. (¨e) field-marshal

Ferne f. (-n) distance

Fernsprechanlage f. (-n) telephone (apparatus)

Fernzug m. (¨e) long-distance train

fest firm, tight, permanent

Fest n. (-e) festival

Festhalten n. holding fast, adherence

Festland n. (-e) mainland, continent

festlich festal, festival

fest'setzen (w.) to establish

Festspielhaus n. (¨er) memorial theatre

fest'stellen (w.) to fix, settle, ascertain

Festungsstadt f. (¨e) fortified town, fortress

finster dark

Firma f. (-men) firm, company

Flaggschiff n. (-e) flag-ship

flattern (w.) to flutter, wave

Fleckchen n. (—) spot

flüchtig fleeting

Flügeltür f. (-en) folding door

Flughafen m. (¨) air-port

Flußhafen m. (¨) river-port

Folge f. (–n) consequence; F. leiſten to comply (with)

folgen (ſein, w.) to follow, accept (an invitation)

Förde f. (–n) bay, inlet

formen (w.) to form

fortan henceforth, in future

freilich to be sure

Friedrich der Große (1721–1786) King of Prussia; great in peace and in war, and the national hero of his country

freuen (ſich, w.) *with gen.* to look forward to

Führung f. (–en) guidance

Fülle f. abundance, crowd

Fußmarſch m. (–̈e) walk, tramp

Gabentiſch m. (–e) table on which presents are laid out

ganz und gar completely, entirely

Gaul m. (–̈e) horse, nag

Gebein n. (–e) bones

Gebiet n. (–e) territory, district

Gebirge n. (—) mountain range, hill country

Gebot n. (–e) command

gebürtig born; aus Kiel g. a native of Kiel

Gefallen m. or n. (—) pleasure, favour

gefangen′nehmen (i, a, o) to capture, captivate

geflügelt winged

Gegenſatz m. (–̈e) contrast

gegenüber′ſtehen (ſteht gegenüber, ſtand gegenüber, hat gegenüber-geſtanden) to contrast, be opposed

Geige f. (–n) fiddle

Geiſtesgröße f. (–n) greatness of mind, great intellect

Geiſteskultur f. intellectual culture

geiſtig mental, intellectual; das g. Auge the mind's eye

Geiſtigkeit f. intellect, culture

geiſtvoll clever, witty

gelangen (ſein, w.) to arrive

gelegentlich occasional

gelegen *p.p. of* liegen lying, situated

Gemahl m. (–e) husband

Gemahlin f. (–nnen) wife

Gemäldegalerie f. (–n) picture-gallery

gemeſſen moderate, restrained

Gemiſch n. (—) mixture

Gemüſezucht f. growing of ve-getables

Gemüt n. (–er), **Gemütsart** f. (–en) temperament

gemütlich congenial, comfortable, kindly

gemütvoll temperamental

genial possessing genius, great

genügen (w.) to suffice; genüg-end sufficient

gerade straight; *adv.* exactly; g. Sie you, of all men

geradezu simply, absolutely

Gericht n. (–e) dish, law-court, judgment; das jüngſte G. the Last Judgment

gern(e) gladly; ich reite g. I like riding

geſamt entire

geſchäftlich pertaining to busi-ness; ich habe g. zu tun I have business

Geſchäftshaſt f. rush of busi-ness

Geſchichtsprofeſſor m. (–s/en) professor of history

Geſchlecht n. (–er) generation, race

Geſchloſſenheit f. compactness

Geſchwindigkeit f. (–en) speed

geſchwungen curving, contoured

Geſetzgebung f. legislation

Geständnis n. (–ſſes/ſſe) confession

geſtehen (geſteht, geſtand, geſtanden) to confess

Geſtein n. (–e) stone, mineral

getreulich faithful, loyal

gewähren (w.) to grant

gewaltig mighty, powerful, enormous

Gewandhauskonzert n. (–e) concert in the Gewandhaus or Cloth-Hall of Leipzig

Gewerbe n. (—) industry, trade

gewiſſermaßen to a certain extent

gewöhnen (w.) to accustom

Gewohnheit f. (–en) custom, habit

Giebel m. (—) gable

Glasbläſerei f. (–en) glassblowing

glatt smooth, slippery

gleichbedeutend synonymous

gleichen (ei, i, i) to resemble

gleichfalls likewise

gleiten (ei, i, i) to slide, glide

Glocke f. (–n) bell

Glöckchen n. (—) *diminutive of* Glocke

Glückauf! good luck!

glücken (w.) to succeed, "come off"

Glut f. (–en) glow, heat

Goethe, Johann Wolfgang born at Frankfort (1749), the greatest of the German poets. Lived at Weimar from 1775 till his death in 1832.

Golfſtrom m. Gulf Stream

gotiſch Gothic

Grabmal n. (–e or ⸗er), **Grabſtein** m. (–e) tomb, tomb-stone

graziös graceful

großartig magnificent, splendid

Großgrundbeſitz m. ownership of large estates, landlordism

Großherzog m. (⸗e) grand-duke

Großſtadt f. (⸗e) big town, city

groß'ziehen (zieht groß, zog groß, großgezogen) to educate, develop

Grube f. (–n) pit, mine

gruppieren (w.) to group

Gut n. (⸗er) country-house, estate, farm

gutgelaunt in good humour

Gutsbeſitzer m. (—) land-owner, farmer

Gutswirtſchaft f. estate management, farming

ha. = Hektar

Hälfte f. (–n) half

Halle f. (–n) hall

halten (ä, ie, a) to hold; auf etwas h. to insist on

Hamann, Johann Georg (1730–1788), known as der Magus im Norden, strongly influenced Herder and the early Romantics

Hammerſchlag m. (⸗e) hammerstroke

Handelsſtadt f. (⸗e) commercial, trading city

handgreiflich palpable, evident, manifest

Handweberei f. (–en) handweaving

Hanſa or **Hanſe** f. the Hanseatic League

Härte f. hardness

Hauch m. (–e) breath, tinge, touch

Hauptbahnhof m. (⸗e) main or central station

Hauptbuch n. (⸗er) ledger

Hauptmerkmal n. (–e) chief sign, characteristic

Hauptsache f. (–n) main thing

Hauptsitz m. (–e) centre

Hausbrand m. domestic burning or heating

Heide f. (–n) heath, moor

Heidelberg on the Neckar, one of the most beautiful towns in Germany, with a famous university

heim'kehren (sein, w.) to return home

heizen (w.) to heat, stoke

Heizwert m. (–e) heating value or power

Hektar n. (–e) hectare, 10,000 sq. metres, nearly 2½ acres

herab'schauen (w.) to look down

herauf'fördern (w.) to send aloft

heraus'hören (w.) to gather

heraus'wagen (sich, w.) to venture out

Herder, Johann Gottfried (1744–1803) studied under Hamann and became a leader of the literary movement of the 1770's; Goethe's early work shows his influence

herein'brechen (i, a, o) to set in

Hering m. (–e) herring

hernieder down

her'stellen (w.) to produce; die Verbindung war hergestellt he was put through

Herstellung f. (–en) production

hervorragend excellent

Herzog m. (⸚e) duke

Hetztempo n. break-neck speed

Hiersein n. being here, visit

Himmel m. (—) sky, heaven; um's Himmels willen for Heaven's sake

Himmelreich n. the Kingdom of Heaven

hin hence, thither; das Hin und Her coming and going, movement

hinaus'strömen (w.) to rush out

hinaus'ziehen (zieht hinaus, zog hinaus, ist hinausgezogen) to march out

Hindenburg, Field-Marshal; born 1847; defeated Russians at Tannenberg, August 1914; President of the Reich, 1925 till his death in 1934

hindurch'schlängeln (sich, w.) to wind through

Hingabe f. devotion

hin'murmeln (vor sich, w.) to murmur to oneself

hin'weisen (ei, ie, ie) to point; ich wies ihn darauf hin I pointed out to him

hin'ziehen (zieht hin, zog hin, hat hingezogen) (sich) to extend

hinzu'fügen (w.) to add

historisch historic

Hochgebirge n. (—) high mountains, Alps

Hof m. (⸚e) court, farmyard

hoffentlich (adv.) it is to be hoped

höfisch courtly

höflich courteous

Horizont m. (–e) horizon

hüllen (w.) to wrap, cover

immer wieder again and again

imposant imposing, impressive

Industriegebiet n. (–e) industrial district

industriereich industrial, busy

Industriezentrum n. (–rums/ren) industrial centre

infolge (prep. with gen.) in consequence of

innig intimate, heart-felt, cordial
insbesondere in particular
Inspektor m. (-s/en) bailiff
irgendeiner -e, -es (*pron.*) one or other, any
irgend jemand some one or other

Jahrhundert n. (-e) century
jeglich any (whatever)
Jenenser (*indecl. adj.*) of Jena
Jubel m. jubilation, rejoicing
Jungborn m. (-e) well or fountain of youth
Junitag m. (-e) June day
Junker m. (—) squire, especially in Prussia
Junkerswerke *pl.* the aeroplane works of Junkers

Kaiser m. (—) emperor
Kaiserstadt f. (¨e) city of the emperors
Kälte f. cold
Kanone f. (-n) cannon
Kant, Immanuel (1724–1804), one of the greatest of the philosophers; professor at Königsberg
Kanu n. (-s) canoe (Canadian)
Kapelle f. (-n) chapel, band, orchestra
Kapital n. (-ien) capital (money)
karg poor, niggardly
Kargheit f. poverty (of soil)
Karpfen m. (—) carp
Karte f. (-n) card, ticket
Kartoffel f. (-n) potato
keinerlei no sort of
kennen'lernen (*w.*) to get to know, become acquainted with
kennzeichnend distinguishing, characteristic
Kerl m. (-e) fellow
Kette f. (-n) chain

Kiefer f. (-n) fir, pine
Kiefernwald m. (¨er) pine-forest
Klang m. (¨e) sound
Klima n. (-s) climate
Klimaunterschied m. (-e) difference of climate
klimmen (i, o, o) to climb
knapp scarce; **k.** und bündig short and to the point, laconic
Knecht m. (-e) farm-servant
Köln n. Cologne
Kölner m. (—) inhabitant of C.
kolonisieren (*w.*) to colonize
kompliziert complicated
Königshaus n. (¨er) royal family, dynasty
Können n. power
kontinental continental
Kontor n. (-e) office
kostspielig expensive
Kostümfest n. (-e) fancy dress festival, carnival
kräftig strong, solid
Kran m. (¨e) crane
Krawatte f. (-n) tie
kreuz und quer in all directions
Kriegshafen m. (¨) naval port
kümmerlich wretched, miserable, poor
kümmern (sich, *w.*) to trouble
Kundendienst m. service to customers (passengers)
Künstler m. (—) artist
Kunstschaffen n. artistic activity
Kunstseidenindustrie f. artificial silk industry
Kunststadt f. (¨e) city of art
kurz angebunden laconic
küssen (*w.*) to kiss

lammfromm as gentle as a lamb
landen (sein, *w.*) to land
Landschaft f. (-en), **Landschafts=bild** n. (-er) landscape

Landsmann (-leute) fellow-countryman

Landwirt m. (-e) farmer

Landwirtschaft f. agriculture, farming

landwirtschaftlich agricultural

langatmig long-winded

länger longish

Last f. (-en) burden

lauschen (w.) to listen

lauten (w.) to sound; wie das Sprichwort lautet as the proverb has it

Lebensgenuß m.; **Lebenslust** f. joy of life

Leberaum m. room to live

lebewohl farewell

lebhaft lively

Lederband m. (¨e) leather binding

Lehrling m. (-e) apprentice, pupil

leidenschaftlich passionate

leider unfortunately

leisten (w.) to achieve

leiten (w.) to lead, govern

Lichterglanz m. light of candles

liebenswürdig amiable, pleasant

lieblich lovely

Lieblingswunsch m. (¨e) special wish

liefern (w.) to supply

locken (w.) to allure

Lockung f. (-en) lure, attraction

Lohn m. reward, wages, pay

los'fahren (ä, u, ist a) to move off, start

Ludwig Louis; Louis XIV, born 1638, King of France 1643-1715; his reign is the zenith of the French monarchy. The saying, l'état, c'est moi, is attributed to him

Mädel n. (-s) girl

Mahnung f. (-en) advice

malerisch picturesque

Mangel m. (¨) lack, defect

Mark f. the Mark (Brandenburg)

Märker m. (—) inhabitant of the Mark

märkisch of the Mark

Meisterwerk n. (-e) masterpiece

Menschenschlag m. (¨e) breed, race

Messe f. (-n) fair

Milliarde f. (-n) milliard, 1000 millions

mindest least

mit'nehmen (i, a, o) to take with one

mitsamt together with; Kartoffeln m. dem Kleid potatoes in their jackets, usually in der Schale

Mittagsmahlzeit f. (-en) midday meal

Mittelalter n. the middle ages

Mittelpunkt m. (-e) centre

mitten drinnen in the middle

Mogelei f. slang cribbing

Mole f. (-n) mole, pier

monumental monumental

Morgen m. (—) acre

Motorrad n. (¨er) motor-cycle

Motorradfahrer m. (—) motorcyclist

Motorradfahrt f. (-en) motor-cycle journey

Motorschiff n. (-e) motor ship

mühsam toilsome, troublesome

München Munich, capital of Bavaria; great art-centre; population 500,000

munden (w.) to taste (good)

Musenstadt f. (¨e) city of the Muses

Musiker m. (—) musician

Musikliebhaberin f. (-nnen) lover of music

mustergültig perfect, model
Mustergut n. (⸗er) model farm

nach'holen (w.) to catch up
Nebentisch m. (-e) next table
nett nice
Neuland n. virgin soil
Niederelbe f. the Lower Elbe
nimmer never; in S. Germany =
nicht mehr no longer
nirgendwo nowhere
norddeutsch North German
Nordostecke f. N.E. corner
Normaluhr f. standard time
Not f. necessity, trouble; mit N.
with difficulty
nüchtern sober
Nüchternheit sobriety
Null f. (-en) zero
nunmehr now
Nuß f. (⸗e) nut
nutzbar profitable; n. machen to
utilize, make use of

oberst highest, supreme
öde waste, bare
Offizier m. (-e) officer
Orden m. (—) order; der
deutsche O. the Teutonic
Order
Organisationskunst f. organizing
skill
Ort m. (-e) place; an O. und
Stelle on the spot
Ostelbien n. the country E. of the
Elbe
Ostpreußen n. East Prussia
ostpreußisch East Prussian
Ostseehafen m. (⸗) Baltic port
ozeanisch oceanic

Paddelboot n. (-e) canoe (Rob
Roy)
Park m. (-s) park

Parteitag m. (-e) mass-meeting
of (Nazi) party
Passagierflugzeug n. (-e) pas-
senger aeroplane, air-liner
peinlich painful, scrupulous
Pelz m. (-e) fur
Pfefferkuchen m. (—) a sort of
gingerbread
Pfeiler m. (—) pillar
Pferdeliebhaber m. (—) lover of
horses
Pferdezügel m. (—) rein, bridle
Pflichtbegriff m. (-e) idea of duty
Pflichtenkreis m. (-e) round of
duties
Pflichtmensch m. (-en/en) man
devoted to duty
Pflug m. (⸗e) plough
Pflugland n. (⸗er) plough-land
Pistole f. (-n) pistol
Platte f. (-n) slab
Pommern n. Pomerania
pompös pompous
Porzellan m. china, porcelain
Postbeamte (adj.) post-office ser-
vant
prächtig magnificent
Prachtwerk n. (-e) magnificent
work, masterpiece
prägen (w.) to coin
preis'geben (i, a, e) to sacrifice
Preislied n. (-er) song in praise
of (auf)
Preuße m. (-n/n) Prussian
Preußen n. Prussia
preußisch Prussian
Preußentum n. Prussian spirit,
Prussianism
Prinzip n. (-ien) principle
prosaisch prosaic
Protestant m. (-en/en) Protestant
protestieren (w.) to protest
protzenhaft ostentatious, vulgar
Provinz f. (-en) province

prunkhaft magnificent
pünktlich punctual
Puppe f. (–n) doll

Rahmen m. (—) frame
Rappe m. (–n/n) black horse
rasch quick
rauh rough
Raum m. (¨e) room, space, area
rauschen (w.) to rustle
Reaktionär m. (–e) reactionary
rege active, keen
regelmäßig regular
reichen (w.) to suffice
reichlich ample, abundant
Reichsbahn f. imperial railway
Reichsgericht n. imperial law-
   courts
Reichshauptstadt f. capital of the
   Empire
Reichtum m. (¨er) wealth
reihen (sich, w.) to stand in line
Reiz m. (–e) charm, attraction
reizen (w.) to charm, attract
Rekordfahrer m. (—) record-
   breaker
Rennfahrer m. (—) racing cyclist
Residenz f. (–en) capital
ringen (i, a, u) to wrestle,
   struggle
Rodelschlitten m. (—) toboggan
Roggen m. rye
Rokoko n. rococo
Rolle f. (–n) role, part
Romantik f. romance, romanti-
   cism
rücken (sein, w.) to move; in den
   Vordergrund r. to come to the
   front
Rücken m. (—) back
rückwärts backwards, astern
Rüdesheim small town on Rhine,
   opposite Bingen, celebrated for
   its vineyards

Ruf m. (–e) call, reputation
Ruhetag m. (–e) day of rest
Ruhrgebiet n. the Ruhr Valley
   (die Ruhr the River Ruhr)
russisch Russian

Saale f. picturesque Thuringian
   river, tributary of the Elbe
Sachs, Hans (1494–1576) shoe-
   maker, poet, dramatist, sup-
   porter of Luther, celebrated in
   Wagner's *Meistersinger*
Sachse m. (–n/n) Saxon
Sachsen n. Saxony
sächsisch Saxon
sanft gentle
Sang m. (¨e) song
satteln (w.) to saddle
Satz m. (¨e) sentence, aphorism
sausen (sein, w.) rush along
Schach n. chess; in S. halten to
   hold in check
Schaffen n. activity
schämen (sich, w.) to be ashamed
schattig shady
schätzen (w.) to esteem, estimate
Schauspielhaus n. (¨er) theatre
Scheibe f. (–n) slice
Schellengeläute n. sound of bells
Scheune f. (–n) barn, out-
   building
Schicht f. (–en) stratum, (social)
   class
schießen (ie, o, o) shoot; wie aus
   der Pistole geschossen like a
   pistol-shot
Schiller, Friedrich (1759–1805),
   poet, dramatist, friend of
   Goethe and, after him, the
   greatest name in German
   literature
schimpfen (w.) to abuse, complain
Schlacke f. slag, dross
Schlesien n. Silesia

ſchleunig quick

ſchlicht simple, unaffected

ſchließlich finally

Schlitten *m.* sleigh

Schmiede *f.* (–n) smithy, forge

ſchmieden (*w.*) to forge

Schmuck *m.* ornament

ſchmücken (*w.*) to adorn

Schneegeſtöber *n.* driving snow

ſchneidig smart

ſchnurgerade dead straight

Schopenhauer, Arthur (1788–1860), philosopher

ſchöpfen (*w.*) to draw (water), drink

Schöpfer *m.* (—) creator

Schöpfung *f.* (–en) creation

Schornſtein *m.* (–e) chimney

Schriftſteller *m.* (—) writer, author

ſchroff steep, rough, rugged

ſchüchtern shy

Schupo *m.* (–s) policeman

Schuppen *m.* (—) shed

Schutt *m.* rubbish, refuse

ſchütteln (*w.*) to shake

Schutzpoliziſt *m.* (–en/en) policeman

Schutzwall *m.* (¨e) rampart, bulwark

ſchwärmen (*w.*) to swarm, to be enthusiastic

Schwede *m.* (–n/n) Swede

ſchweigſam silent

ſchwerfällig slow, dull

Schwerfälligkeit *f.* slowness, dullness

ſchwermütig melancholy

Schwiegerſohn *m.* (¨e) son-in-law

Schwierigkeit *f.* (–en) difficulty

Schwurfinger *m.* (—) reminder, memorial

Seebad *n.* (¨er) seaside resort

Seemannsgeiſt *m.* spirit of a sailor

ſeewärts seawards

Segelfahrt *f.* (–en) sail

Segler *m.* (—) sailing-boat

ſegnen (*w.*) to bless

Sehenswürdigkeit *f.* (–en) sight

ſelbſt even

ſelbſtbewußt self-reliant, confident

ſelig blessed, holy; wer's glaubt, wird ſelig tell that to the Marines!

ſelten rare

Semeſter *n.* (—) term

ſeufzen (*w.*) to sigh

ſiebenjährig of seven years; der Siebenjährige Krieg the Seven Years' War

Siedlung *f.* (–en) settlement, town or village

ſiegesſicher confident, assured

Silberfaden *m.* (¨) silver thread

Silhouette *f.* (–n) silhouette

Sitz *m.* (–e) seat, residence

ſixtiniſch Sistine

ſlawiſch Slavonic

Soldatengeſtalt *f.* (–en) military figure

Sonnenkönig *m.* (–e) *le Roi-Soleil*, Louis XIV

ſonnig sunny

Sommerreſidenz *f.* (–en) summer residence

Sommerſemeſter *n.* (—) summer term

ſonſtwo elsewhere

Soziusſitz *m.* (–e) pillion seat

Sparſamkeit *f.* thrift, economy

ſpartaniſch Spartan

Spaß *m.* (¨e) joke, fun; viel Spaß! have a good time!

Speer *m.* (–e) spear

Speiſezettel *m.* (—) bill of fare, menu

Spielwaren *pl.* toys

Spinnerei *f.* (–en) spinning-mill

spöttisch mocking

Sprichwort *n.* (⸚er) proverb

sprichwörtlich proverbial

Springbrunnen *m.* (—) fountain

sprühen (*w.*) to flash; **Feuer s.** to scintillate

spüren (*w.*) to trace, detect, feel

Staatsmann (⸚er) *m.* statesman

Staatsoper *f.* (–n) state opera

Stahlturm *m.* (⸚e) steel tower

Stahlwerk *n.* steel-works

Stall *m.* (⸚e) stable

Stammvater *m.* (⸚) ancestor

stampfen (*w.*) to mash (potatoes)

ständig constant

stapfen (*w.*) to tramp, trudge

Station *f.* (–en) stopping-place, station

steif stiff

Stein, Charlotte Frau von (1742–1827), wife of a Weimar court official; friend and correspondent of Goethe

Steinkohle *f.* (–n) coal

Steinkohlenvorkommen *n.* (—) coal-field

Steinwurf *m.* (⸚e) stone's throw

Steinwüste *f.* (–n) wilderness of stone, bricks and mortar

Stempel *m.* (—) stamp

Steppe *f.* (–n) steppe

stets always

steuern (*w.*) to steer

still quiet; **im stillen** privately, secretly

stilvoll in good style

stimmen (*w.*) to attune; **heiter gestimmt** in happy mood

Stimmung *f.* (–en) mood, atmosphere

stimmungsvoll touching, moving

strahlend radiant

stramm vigorous, soldierly, smart, tense

Strand *m.* (–e) beach

sträuben (sich, *w.*) to resist, refuse

Strauß, Richard, composer, born 1864 at Munich. Operas *Elektra, Rosenkavalier*; Tonepoems *Till Eulenspiegel, Tod und Verklärung*

Strecke *f.* (–n) distance; **auf freier S.** in the open country, on the open road

streichen (ei, i, ist i) to rove, wander

streiten (ei, i, i) to contend, dispute; **darüber läßt sich s.** that is a point that might be argued

Strom *m.* (⸚e) river, current

Strumpfwirkerei (–en) stocking-factory

Studienfreund *m.* (–e), **Studiengenosse** *m.* (–n/n) fellow-student, undergraduate friend

studieren (*w.*) to study

Stute *f.* (–n) mare

Stützpunkt *m.* (–e) strong-point, *point d'appui*

Sumpf *m.* (⸚e) swamp, marsh

Symbol *n.* (–e) symbol

Tagebau *m.* open working (of a mine)

Tagewerk *n.* day's work

Tannenberg scene of Hindenburg's defeat of the Russians, 1914

Tannenduft *m.* (⸚e) scent of pine-trees

tätig active, employed

Tatkraft *f.* energy

tatsächlich actually, really

tausendjährig of 1000 years

technisch technical

Temperamentsunterschied *m.* (-e) difference of temperament

temperamentvoll possessing temperament, sympathetic

Terrasse *f.* (-n) terrace

Textilindustrie *f.* textile industry

Thüringen *n.* Thuringia

Thüringer Thuringian

tönen (*w.*) to sound

Tonne *f.* (*n*) metric ton = 1000 kilograms = ·984 British ton

trällern (*w.*) to trill

Treiben *n.* activity

Trennungsstunde *f.* hour of parting

Treue *f.* loyalty

Trotz *m.* defiance, daring

trotzig daring, fearless

Tschecho-Slowakei *f.* Czechoslovakia

Tuch *n.* (¨er) kerchief

tüchtig capable

tummeln (sich, *w.*) to take exercise, especially on horseback

tun (tut, tat, getan) to do; ich habe zu t. I have business; was tut's? what does it matter

überaus extremely

Überbleibsel *n.* (—) remains

Übergang *m.* (¨e) crossing, change, transition

übergehen (geht über, ging über, ist übergegangen) to change, turn

Überraschung *f.* (-en) surprise

übersäen (*w.*) to sprinkle, dot

überschauen (*w.*) to survey

übersetzen (*w.*) to translate

Überspitzung *f.* (-en) exaggeration

übertragen (ä, u, a) to translate

übertreiben (ei, ie, ie) to exaggerate, carry to excess

überwiegen (ie, o, o) to preponderate

überzeugen (*w.*) to convince

üblich usual

umfassen (*w.*) to embrace, comprise; umfassend comprehensive

umgeben (i, a, e) to surround

Umgebung *f.*, Umgegend *f.* environs

umsäumt bordered, lined

um'schauen (sich, *w.*) to look round

Umschweif *m.* (-e) detour; ohne U. directly

unabsehbar interminable; ins Unabsehbare to infinity

unaufhörlich incessant

unbedeutend insignificant

unbeholfen awkward, clumsy

Unbeholfenheit *f.* clumsiness

unbekannt unknown

unbeschreiblich indescribable

undankbar ungrateful

unerschöpflich inexhaustible

ungefähr about

ungeheuer enormous

Universität *f.* (-en) university

Unrast *f.* unrest

Unsicherheit *f.* uncertainty

unter'gehen (geht unter, ging unter, ist untergegangen) to perish

unterhalten (ä, ie, a) (sich) to converse

Unterhaltung *f.* (-en) conversation

unterliegen (ie, a, e) to be liable, succumb

unternehmen (i, a, o) to undertake

unterschätzen to underestimate

Unterschied *m.* (-e) difference

Untertan *m.* (-s/en) subject

unübertrefflich incomparable
unverbefferlich incorrigible, hopeless
unvergeßlich never to be forgotten, immortal
unzertrennlich inseparable
Urteil n. (-e) opinion, judgment, verdict

verbringen (verbringt, verbrachte, verbracht) to spend (time)
Verdienst m. (-e) merit, earnings
verdrängen (w.) to displace, crowd out
verehren (w.) to admire, honour
verfallen (ä, ie, a) (fein) to decay, fall a victim
verfügen (w.) to order; über etwas v. to control, have at one's disposal
Verfügung f. (-en) order, disposal
vergnügt contented
Verhältnis n. (-ffes/ffe) relation; (in pl.) conditions, circumstances
verhältnismäßig relative
verhungern (w.) to starve
verhüten (w.) to prevent; das verhüte Gott! God forbid!
Verkehrswesen n. commerce
verklingen (i, a, u) (fein) to die away (of sound)
Verlag m. publishing-house
verlaufen (äu, ie, au) (fich) to lose one's way
verleihen (ei, ie, ie) to impart, lend
vermitteln (w.) to come between
verraten (ä, ie, a) to betray
verfammeln (w.) to gather, collect
verfchlafen sleepy
verfchlingen (i, a, u) to devour, swallow up

verfchloffen reserved, taciturn
verfprechen (i, a, o) (fich) to make a slip of the tongue
verfpüren w. to feel
Verftändigungsfchwierigkeit f. (-en) difficulty in understanding
Verftändnis n. (-ffes/ffe) understanding
verftreuen (w.) to scatter
Vertreter m. (—) representative
verwandeln (w.) to transform
verwenden (w.) to use, apply
verzehren (w.) to consume, eat
Viehzucht f. cattle-breeding
Vielerlei n. variety
vielgefchmäht much-maligned
Villa f. (-llen) villa
Vogelfang m. song of birds
Völkerfchlacht f. Battle of Nations (Leipzig, 1813)
völkifch racial
Volksmaffe f. (-n) mass of people
Volkswirtfchaft f. economics
Vollblüter m. (—) thoroughbred
Vollendung f. perfection
völlig complete, entire
vorausgefeßt presupposed, granted
vorbildlich typical, model
Vordergrund m. foreground
vor'herrfchen (w.) to predominate
Vorkommen n. (—) supplies, (coal-) field
Vorkriegsdeutfchland n. pre-war Germany
vornehmlich chiefly, mainly
Vorort m. (-e) suburb
vor'fchlagen (ä, u, a) to propose
vor'feßen (w.) to set before, offer
vor'ftellen (fich, w.) to imagine
Vorftellung f. (-en) idea
Vortrag m. (⸚e) lecture

vorüber'ziehen (zieht vorüber, zog vorüber, ist vorübergezogen) to pass

wacker valiant

Wahlspruch m. (-̈e) motto

währenddessen while

Waldesrauschen n. forest murmurs

Wallenstein (1583–1634) Imperialist general in Thirty Years' War. Ambition led him to treasonable schemes and he was assassinated by his own officers. Schiller wrote a tragedy on the subject

Wanderer m. (—), **Wandersmann** m. (-leute) traveller, wanderer

Wartburg castle of the old Landgraves of Thuringia; scene of the *Sängerkampf* and Luther's retirement after the Diet of Worms

Wasserfläche f. (-n) sheet of water

Weberei f. (-en) (weaving-) mill

wecken (w.) to awaken, rouse

wehen (w.) to blow

wehmütig melancholy

Weihestätte f. sacred place

Weihnachtsabend m. Christmas-Eve

Weihnachtsferien pl. Christmas holidays

weilen (w.) to stay

Weinlokal n. (-e) wine-restaurant

Weißbier n. a light, sweet ale popular in Berlin

weiter further; ohne weiteres without more ado

weiter'fahren (ä, u, ist a) to continue one's journey

weiträumig spacious

Welf Guelph, dynasty in Hanover

weltbekannt, weltberühmt world-renowned

Weltgeschichte f. world-history

Weltkrieg m. world-war

weltumspannend world-wide

wenigstens at least

Wesen n. (—) being, essence, character

Westfalen Westphalia, Prussian province E. of the Rhine, including the Ruhr Valley; capital Münster

widerstandsfähig capable of resistance, hard

widerstehen (widersteht, widerstand, widerstanden) to resist

wieder'geben (i, a, e), **wiederspiegeln** (w.) to reflect

Wieland, Christoph (1733–1813) poet and novelist; went to Weimar in 1772 as tutor to the young princes and remained there till his death

Wiese f. (-n) meadow, pasture

Wimpel m. (—) pennant, flag

winken (w.) to beckon, wave

Wipfel m. (—) tree-top

witzig witty

Wochenendausflug m. (-̈e) week-end trip

Wochenende n. (-s/n) week-end

wohlbekannt well-known

Wohlgefallen m. or n. pleasure

Wohnungsbedarf m. furniture, etc.

Wohnviertel n. (—) residential district

wuchtig heavy, massive

zahlreich numerous

zart tender

Zauber m. (—) magic, charm

zeigen *w.* to point, show

Zeitungsverlag *m.* newspaper publishing house

zerfallen (ä, ie, ift a) to fall to pieces, be ruined

zerftören (*w.*) to destroy

Zeugnis *n.* (–ffes/ffe) testimonial, evidence

zielbewußt purposeful

zu'bringen (bringt zu, brachte zu, zugebracht) to spend (time)

züchten (*w.*) to breed

Zufall *m.* (ᵙe) chance

zu'führen (*w.*) to bring

Zug *m.* (ᵙe) train, feature, draught

zu'geben (i, a, e) to admit

zurecht in order, aright

zurüd'kehren (*w.*) to return

zurüd'schieben (ie, o, o) to push back

zu'rufen (u, ie, u) to shout, call (to someone)

zusammen'geballt crowded together

zusammen'faffen (*w.*) to comprise

zusammenhängend continuous

zusammen'schreden (i, a, ift o) to start

Zusammensein *n.* being together, companionship, company

Zusammenwirkung *f.* co-operation

zu'schließen (ie, o, o) to close

Zuschnitt *m.* cut, style

zu'schreiten (ei, i, ift i) to approach

zu'treffen (i, a, o) to agree, hold good

zwar indeed, it is true

zweifellos undoubtedly

zweistimmig in two parts, as a duet

Zwiegespräch *n.* (–e) conversation (between two persons), dialogue

Printed in the United States
By Bookmasters